日本の科学者

JOURNAL OF JAPANESE SCIENTISTS

6月号 目次

Vol.60 No.6
June
2025 通巻689号

特集 原発のない社会づくりのための検証と展望

まえがき	山本富士夫	02
言葉の玉手箱	山本富士夫	03
原発の危険性は放射線被ばくにある ―福島原発事故による健康被害の真相	山田耕作	04
ティッピング・ポイントを超える気候変動 ―自然エネルギー，省エネの国家レベルの対策を	河野 仁	10
新原子力規制基準で原発は安全になったか ―深層防護戦略の形骸化・矮小化	岡本良治	18
福島第一原発の汚染水問題と海洋放出の実態 ―2024年末までの放出状況を踏まえて	柴崎直明	25
「原発廃止 是か非か」―F高等学校生徒との討論	山本富士夫	31

論文

原発再稼働先行地域の電力需給バランスに学ぶ
―泊原発再稼働は北海道の自然エネルギー電力にどう影響するか　　　　山形 定　35

談話室

コーポラティブ住宅つなね
― 25年間のコミュニティとこれから
瀬渡比呂志　42

論文

放射能汚染の継続，不適格な復興事業，的確な計画制度を
―飯舘村の汚染実態と土地利用規制管理のために
糸長浩司　44

ひろば

1.5℃目標と第7次エネルギー基本計画
編集委員会　51

〈科学者つうしん〉　53

〈編集後記〉（佐藤　了）　56

＊表紙挿絵：クチナシ．建替え前の団地で咲き，強く良い香りを放ちましたが，建替え後にも随所に植えられたので花の時期が楽しみです．（若松倫夫）
＊表紙挿入写真：福島第一原子力発電所5号機取水口前の海水 Cs137 濃度の変化（出所：東京電力「ALPS 処理水海洋放出の状況について」（経産省廃炉・汚染水・処理水対策チーム会合／事務局会議資料）

特集 まえがき

原発のない社会づくりのための検証と展望
―「第39回全国原子力問題シンポジウム2024 敦賀」の報告から

山本富士夫

　本特集は「第39回全国原子力発電問題シンポジウム2024 敦賀」（以下，原発シンポ）での報告者5人による論文を掲載したものである．原発シンポは，COVID-19の影響で5年間開催されなかったが，5年ぶりに主催者を原子力問題研究委員会，主管を福井支部として，2024年8月23日と24日に敦賀市で開催された．初日に原発現地見学と夕食懇談会が，2日目に市民公開型の講演会が対面とオンラインの併用で行われた．総参加者数は182人であった．

　日本科学者会議は，第42回定期大会決議（2011年5月）で「東電福島第一原発事故を教訓に原発に依存しない社会をめざそう」，また，第43回定期大会決議（2012年5月）で「原発のない社会を実現するために国民的共同を進めよう」などのアピールを出した．

　それらを踏まえて，本特集テーマを「原発のない社会づくりのための検証と展望」とし，その狙いは，原発のない社会づくりのための科学的国民運動を広めることにある．

　次に，4人の論文の概要を紹介する．

　山田耕作は，地震多発国日本で原発を安全に運転することは不可能であり，重大事故は避けられず，事故により放出される放射性物質による被ばく被害は広範で深刻であると切り出す．核の利用を推進する国内外の勢力によって被ばく被害は過小に評価され，隠蔽されてきたと批判し，顕在化した福島原発事故による被ばく被害の実態を明らかにし，福島事故による内部被ばくの真実を追求する．

　河野　仁は，気候変動とエネルギー問題について解説する．2023年以降，日本の夏の平均気温は急激に1℃上昇し，熱中症者が増え，農産物に影響している．日本の温室効果ガス排出量の大幅削減は人類的課題である．原発をなくし，省エネと自然エネルギーへの転換を急ぎ進める必要がある．

　岡本良治は，新規制基準で原発は安全になったとはいえないことを明らかにする．新原子力規制基準における，重大事故（岡本は過酷事故という）対策を深層防護戦略の全5層と対比しながら批判的に分析する．国際標準の安全施策は国ごとに選択可能であるが，日本の新原子力規制では，第4層は極めて不十分で，第5層は審査対象ですらない．

　柴崎直明は，福島第一原発での海洋放出は2024年末までに計10回実施され，放出水にはトリチウム以外の放射性物質も含まれていると報告．積極的に汚染水発生量を抜本的に削減する地下水対策が求められ，それにより「処理水」の海洋放出が不要になり，廃炉作業をより確実に進めることが期待される．

　山本富士夫は，福井県立藤島高等学校SSH国際教養部が「原発廃止 是か非か」と題する全国ディベート大会に臨むのに際し，去年（2024年）6月に脱原発科学者の立場から情報提供を求められた．その後生徒たちの原発の負の遺産を引き継ぐ問題意識の下で「原発の危険性」などについて活発な討論が行われた．

　（やまもと・ふじお：福井支部，流体力学）

言葉の玉手箱
キーワード解説

放射性物質と放射能，東京電力福島第一原子力発電所（1F）事故などについては，2025年3月号の「言葉の玉手箱」を参照されたい．

重大事故（過酷事故） 原発の安全設計において想定された手段では炉心の冷却や反応度の制御を適切に行うことができなくなり，炉心の重大な損傷に至る事象を重大事故または過酷事故という．米国スリーマイル島原子力発電所事故（1979年），旧ソ連チェルノブイリ原子力発電所事故（1986年），1F事故（2011年）の3つの重大事故では，原子炉内で核燃料が融け，炉壁を破って炉外に出た結果，大量の放射性物質が環境を汚染した．

放射線被ばく 物質（人体や物体など）が放射性物質（核燃料など）から放射線（アルファ線，ベータ線，ガンマ線，X線など）を受けることを放射線被ばくという．放射線は，被ばく物質において反射・吸収・透過される．反射率，吸収率，透過率の合計は100%であるが，それぞれの値は放射線の種類と物質によって決まる．人体の外にある放射性物質から放射線を受けることを外部被ばくという．食事や呼吸などによって体内に入った放射性物質による被ばくを内部被ばくという．物質の放射線吸収率がゼロでない場合に物質内に放射線の影響が残る．原発では，放射線被ばくによる人の健康障害や構造物の性能劣化が問題になる．

原発の危険性 3つの重大事故が起きたので，重大事故が万が一にも起きないような構造と運転，および，廃炉システムを持つような完全な原発はあり得ないと考えられる．一旦重大事故が発生すれば，人びとは放射線被ばくから完全に逃れることができない．すなわち，原発の危険性の根本は，放射線被ばくにある．

原発に利権をもとめる産官学の共同体は，原子力ムラといわれ，司法・立法・行政だけでなく科学・技術にも深く関与し，その存在が1F事故にも繋がっている．東電幹部に責任がないとする住民側敗訴の最高裁判決やGX（グリーントランスフォーメーション）法や第7次エネルギー基本計画等は，住民の安全確保よりも電力事業の利益を優先している．原子力ムラは住民の平和で安心して生活する権利を侵害する危険性を持っている．

気候変動 気温や降水量などの大気の状態（気候）がある程度長い期間において変動することを気候変動という．気候変動は，人間活動が原因のものと自然要因のものとに大別される．前者の大きな要因は，石油や石炭や天然ガスなどの化石燃料と石油製品を燃やした時に出る温室効果ガスである．最近では，気候が平均的状態から大きく偏った状態である猛暑や暖冬や豪雨などの異常気象が頻発し，災害が発生している．人間は，温室効果ガスの排出を制御しなければならない．後者の自然要因は，地球の自転の変化や火山の噴火や太陽の活動などであり，人間はこれらを制御できない．

自然エネルギー利用と節電・省エネ 自然エネルギーとは，太陽光や風力，水力，地熱，バイオマスなどのエネルギーの総称で，再生可能エネルギーとも呼ばれる．日本では，自然エネルギー資源は豊富に存在する．自然エネルギー利用による発電では，燃料が不要であり，温室効果ガスの排出量が抑えられ，発電コストが安いという特長がある．一方，太陽光発電も風力発電も，日照や気象の影響を受けやすい欠点を持つ．原発のない社会づくりのためには，自然エネルギー利用とともに，節電（電力消費の節約）・省エネ（需要の低減と高いエネルギー効率）および蓄電技術の普及が望まれる．

（山本・富士夫：福井支部，流体力学）

●特集● 原発のない社会づくりのための検証と展望

原発の危険性は放射線被ばくにある
―福島原発事故による健康被害の真相

地震国日本で原発を安全に運転することは不可能であり，重大事故は避けられない．事故により放出される放射性物質による被ばく被害は広範で深刻である．しかし，核の利用を推進する国内外の勢力によって被ばく被害は過小に評価され，隠蔽されてきた．顕在化した福島原発事故による被ばく被害の実態を報告し，福島事故による内部被ばくの真実を追求する．

山田耕作

はじめに

人間の本質は個人ではなく，人類としての類的存在にある．人間は人類として協力して文明を発展させてきた．ここに他の動物と異なる人間の本質がある．その類的存在の現在における到達点は人類の構成員である個人個人の間の平等の原則であり，互いに人間として尊重され，能力の発達が保障される．平等を基本とする基本的人権に基づく民主主義は人類の進歩を保証する原則なのである．人類は協力し，歴史的に継承して自然と社会を理解し，制御する科学を発展させてきた．それ故，人類の進歩は平等を基本とする民主主義の拡大と科学の進歩によって担われる．

その際，人権・民主主義は最も重要な根本原則であり，全てに優先する．当然，科学に対しても人権が優先する．つまり，科学といえども人権を侵害することは許されない．原発に対しても人権の尊重が最優先であることは当然の原則である．

以上の考察から，筆者は老人・幼児・病人・身体の不自由な人など社会的弱者が必ず存在する現実の社会では緊急避難を必要とする原発の運転は許されないと考える．電気エネルギーは他の手段で安価で生産可能である．

1 福島原発事故による健康破壊

(1) 小児甲状腺がん

福島県民健康調査報告によると，現在400人近くになる小児甲状腺がん発症は通常の数十倍の多さであるとされている．それが原発事故後ほぼ1年前後から多発したので福島原発事故による被ばくが原因であると考えるのが自然である．ところが日本政府や原子放射線の影響に関する国連科学委員会

●やまだ・こうさく●
1942年生まれ．大阪大学大学院理学研究科中退．理学博士（東京大学）．京都大学名誉教授．専門：理論物理学．著書：『電子相関』（岩波書店，1997）ほか．

キーワード：福島原発事故（Fukushima nuclear power plant accident），放射線被ばく（radiation exposure），
内部被ばく（internal radiation exposure），放射性微粒子（radioactive particles），
ペトカウ効果（Petkau effect）
著者連絡先：kosakuyamada@yahoo.co.jp

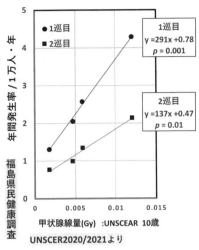

図1 甲状腺被ばく線量と発症率（出所：文献2）

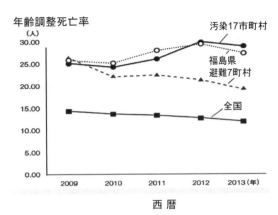

図2 心筋梗塞による突然死（出所：文献3）

(UNSCEAR)などは被ばく線量が低いので被ばくが原因ではない，集団検診によって自然発生のがんを早期に発見しただけとしている[1]．この説に科学的根拠は一切ないが世論を攪乱し，政府・東電は責任と賠償を回避している．

図1は加藤聡子による福島4地域の各平均甲状腺被ばく線量（横軸）と甲状腺がん発症率（罹患率，縦軸）の関係である[2]．調査1巡目2巡目とも被ばく線量に対してきれいに線形的に増加している．

チェルノブイリ原発事故では約35万人の子ども・若年層の甲状腺被ばく線量が測定され，発症率との線形関係が見られる．その線形勾配を比較すると，UNSCEARによる福島の甲状腺被ばく線量がチェルノブイリの1/50〜1/100に過小評価されていることが分かった[2]．

福島原発事故後6年間に，福島県で観察された症例数は事故なしでの予想症例数の50〜60倍である．これはチェルノブイリ事故後にウクライナとベラルーシの高汚染地域（ゴメリ州など）で観察された30〜56倍に匹敵し，福島原発事故による被ばくがチェルノブイリ並みであることを示唆する．

(2) 心筋梗塞による突然死の増加

明石昇二郎によって心筋梗塞による突然死の増加が指摘されている[3]．汚染地から避難することで突然死が減少している（図2点線）．避難は効果があることがわかる．

解剖病理学者バンダジェフスキーの報告によればチェルノブイリ事故で同様に突然死した43歳の心臓の病理組織にはびまん性の心筋細胞溶解，筋線維間浮腫が見られ，心臓からはセシウム137が45.4 Bq/kg検出されている．この心臓の損傷に活性酸素を介するペトカウ効果が重要な作用をしたと考えられる（後述）．

(3) 乳児の複雑心奇形手術の増加

図3は村瀬香らによる手術数の全国調査研究である．2011年に14.2%急増している[4]．

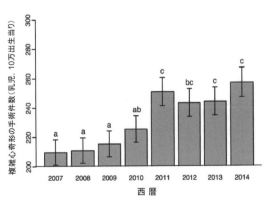

図3 福島原発事故後の複雑心奇形の全国的増加
（出所：文献4）

同じ著者たちによって停留精巣の全国的な増加も報告されている．放射線被ばくが影響したと考えられる．小児甲状腺がんも福島県で事故後約60倍であったが全国ではほぼ倍増している[5]．

(4) 周産期死亡率の増加

妊娠22週から出産後1週間を周産期というがその期間の死亡率が事故後増加している．福島の近隣6県で15.6%，千葉，埼玉，東京3県で6.8%増であった（図4）[6]．

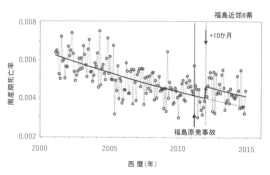

図4　周産期死亡率の増加
跳びのオッズ比は1.156（1.061，1.259）（出所：文献6）

(5) 低体重児出産率の増加

福島原発事故後，全国で低体重児の出産率が増加した．2500 g以下の乳児を低体重児という[7]．その2012年の低体重児率の増加の跳びは事故前と比べてAの全国で2.0%，Bの低汚染37県で1.5%，Cの中汚染5県で2.1%，Dの汚染5県で5.5%であった（図5）．

バックグラウンド線量率が1 μSv/h増加すると，低出生体重児の有病率が約10%上昇する．1 μSv/hは8.8 mSv/年の線量に相当する．

2　内部被ばくの脅威

(1) カリウムの拡散とセシウムの偏在

白血病を含め，心筋梗塞など多様な健康破壊は主に放射性微粒子を呼吸時に吸い込んだり，飲食によって体内に取り込んだ内部被ばくの結果であると考えられる．体内に取り込まれたセシウム137（半減期30年）など長寿命の放射性元素は微粒子として偏在する．このような内部被ばくによる病気を発見したバンダジェフスキーは「長寿命放射性元素体内取り込み症候群」と呼んでいる．

生物に必要なカリウムには1万分の1強の割合で放射性カリウム40が自然放射性元素として含まれている．このカリウムイオン

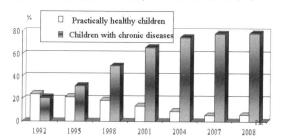

図6　汚染地に住む親の子どもの健康（出所：文献9）

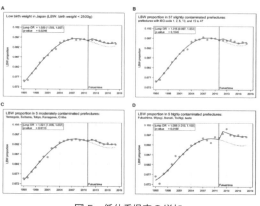

図5　低体重児率の増加
A 全国, B 低汚染37県, C 中汚染5県, D 高汚染5県（出所：文献7）

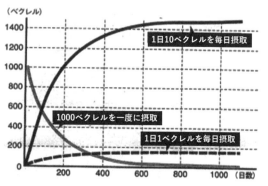

図7　セシウム137摂取による蓄積
（出所：ICRP publication 111 21ページ）

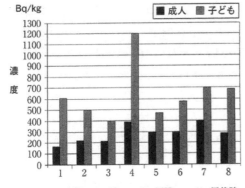

図8 各臓器に蓄積したセシウム濃度
（出所：文献10-12）

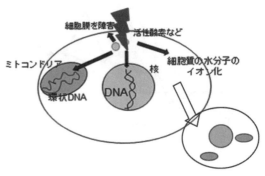

図9 ペトカウ効果の模式図　遠藤順子氏提供

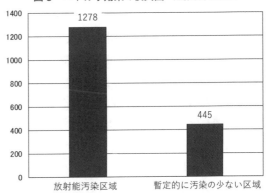

図10 実際にフリーラジカル濃度が上昇

子どもの血液中のイノシン酸（1分当たりの量）の濃度の上昇，被ばくによる酸化ストレスの上昇を示す例．左が汚染地域，右が汚染が少ない地域（出典：オリハ・ホリッシナ『チェルノブイリの長い影』2013年，新泉社）

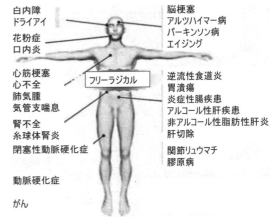

図11 酸化ストレスがもたらす症候群
（出所：文献13）

は体内に拡散し，ほぼ一様に分布する．一方，人工の放射性元素セシウム137等は吸着等で偏在し，集中的な被ばくを与え格段に危険である[8]．

ウクライナ政府報告によると，図6に示すように，事故から20年後には，汚染地に住む親から生まれた子どもの80％近くが慢性的な病気であることがわかる[9]．

図7はICRPによるセシウム137の蓄積の様子である．たとえ1日当たり1 Bqでも1年継続摂取すると約200 Bqが体内に蓄積する．

図8は，ベラルーシで内部被ばくで死亡した大人と子どもの臓器に蓄積したセシウム137の濃度を示す．同図はバンダジェフスキーが100人余を解剖して得た各臓器におけるセシウム137の蓄積濃度である[8-10]．

(2) ペトカウ効果（図9）[13,14]

体内に蓄積した放射性物質の危険性を示す放射線被ばくの間接的な機構が注目される．

カナダのアブラム・ペトカウは細胞膜にX線を当ててそれを破壊する実験をしていた．大気中では35 Gy（グレイ）の線量でやっと膜は破れた．誤って食塩水中で放射線を当てるとわずか7 mGyの線量で膜は破壊された．5000分の1の線量である．原因は水などの分子に放射線が当たり，活性酸素やフリーラジカルが発生し，それが連鎖反応的に脂肪膜を破壊することが分った[13]．

図9に示すように，体内で放出された放射

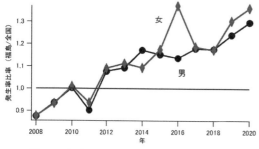

図12 福島県胃がん発生率比（福島／全国）

線は電離作用で活性酸素やフリーラジカルを発生し，脂肪膜である細胞膜を連鎖的に破壊する．こうして，心臓，肝臓，腎臓などが損傷され，多臓器不全になり，健康を損ない死に到ることもある．活性酸素は細胞膜だけでなく，遺伝子やミトコンドリア等を損傷し，ぶらぶら病など様々な病気の原因となる．

図10に示すようにチェルノブイリでは汚染地の子どもたちの活性酸素濃度が高いことが報告されている．

酸化ストレスは多様な病気を引き起すことが示されている（図11参照）．

3 がん，白血病の増加

福島県でがんが多発していることを，明石昇二郎ががん登録データを用いて報告している（図12）．胃がん，胆のう・胆管がん，前立腺がん，卵巣がん等で増加が顕著で全国平均を上回る．

標準化罹患率比SIR（Standardized Incidence Ratio）と呼ばれる全国平均罹患率を基準値100とし，福島県の罹患率と比較したものである．2010年以前は100以下であった福島県のSIR値が福島原発事故後胃がん等で100を超えて増加していることがわかる[16]．

4 内部被ばくの推定[17]

WBC（ホールボディカウンター）の精度が悪い．ちくりん舎の青木一政らは1日当たりの尿のセシウム137の排出量の測定から体内蓄積量を推定している．その比は子どもで90倍，大人で164倍であるという[17]．

青木らの報告で尿から1 Bq/day以上排出している人があり，体内に200 Bq近く蓄積している人が存在することがわかる[17]．

写真家の飛田晋秀は福島の避難解除地域の汚染が高いことを警告している．毎時5〜10 μSvに達する地域が各地にあり，これは年間50〜100 mSvに相当する[18]．

5 三田茂医師による内部被ばくの記述

三田医師が命名した福島原発事故による「新ヒバク者」にみられる，「能力減退症」は放射性物質による内部被ばくの結果と考えられる．三田医師は次のように書いている[19]．

「私は国の定める電離放射線検診に準じた血液検査を，乳幼児から老人，約4000人の受診者に施行してきた．小児，特に乳幼児に顕著だった白血球減少は，2012年までの1年間はホットスポットとして知られる東京東部から東葛エリアで目立ったが，その後は西部の武蔵野エリアにも広がり，今や首都圏はどこでも同じとなってしまった．（中略）

各症状の程度は個人差が大きいが，差はあっても，東日本居住者は全てが影響を被った当事者であると認識し直すべきであり，今回私は『新ヒバクシャ』という概念を提唱する．」

おわりに

三田茂医師は広島・長崎の原爆「被爆二世・三世の会」のアンケートと福島原発被ばく者の治療の経験から，被ばくによる健康破壊を「能力減退症」と名付けた．その主な症状は次のようなものである．記憶力の低下，疲れやすい，集中力，判断力，理解力の低下，コントロールできない眠気，病原菌に対する防衛力の低下，障害組織の治癒力の低下等であ

る．福島原発事故避難者の手記等からも同様の症状がみられる[18]．それらの健康破壊は後の世代にまで継続することがある．とりわけ，放射性微粒子による内部被ばくを避けるべきであり，汚染地からの避難の権利が保障されるべきである．

筆者が感動したのは被爆二世・三世の活動である．写真家の飛田晋秀は汚染地で少女から「私は結婚して子どもが産めますか」と尋ねられ，「申しわけない」気持ちで涙が出たという．同会では原発事故被ばく者に「産めます．私は被ばく者である父や母に産んでくれて感謝しています」と答えるという．体が弱い子が生まれたとしてもみんなで支えればよいのである．被爆二世・三世の会は人間としての生き方を発展させ，成長させている[20]．

差別を恐れ，活動が委縮させられることもあると思われるが，「二世・三世の会」はあくまでも被ばくの真実を明らかにし，その被害の保障を要求する運動を追及している．具体的には同会は健康被害の予防，治療を保障する健康手帳の交付を求めている．こうして，同会は，連帯して人権を守る運動の先頭に立っている．福島原発事故は東日本に住むほとんどの人を被ばく者にさせた．さらに岡山でも被ばくの影響が見られるという．その意味で被ばく二世・三世の生き方はすべての人々，特に子どもたちに生きる勇気と希望を与えるであろう．

注および引用文献 (URL 最終閲覧 2025 年 2 月 27 日)

1) USCEAR 2020/2021Report.
2) Kato T.,Yamada K. and Hongyo T.: Area Dose–Response and Radiation Origin of Childhood Thyroid Cancer in Fukushima Based on Thyroid Dose in UNSCEAR2021 2020/2021, *Cancers* 2023, 15 (18), 4583.
https://doi.org/10.3390/cancers15184583
3) 明石昇二郎：「福島県で急増する『死の病』の正体を追う」

『宝島』2014 年 10 月号.
4) Kaori Murase, Joe Murase, Akira Mishima: Nationwide increase in complex congenital heart diseases after the Fukushima nuclear accident. *Journal of the American Heart Association*, 8 (6) (2019).
https://doi.org/10.1161/JAHA.118.009486
5) Kato, T.; Yamada, K. Individual dose response and radiation origin of childhood and adolescent thyroid cancer in Fukushima, Japan. *Clin. Oncol. Res.* 1-5 (2022).
6) Hagen Heinrich Scherb, Kuniyoshi Mori, Keiji Hayashi: Increases in perinatal mortality in prefectures contaminated by the Fukushima nuclear power plant accident in Japan - A spatially stratified longitudinal study, *Medicine* 95, e4958 (2016).
7) Hagen Scherb, Keiji Hayashi: Spatiotemporal association of low birth weight with Cs-137 deposition at the prefecture level in Japan after the Fukushima nuclear power plant accidents: an analytical-ecologic epidemiological study, *Environmental Health* 19, article no.82 (2020).
8) 市川定夫：『新環境学 III』(藤原書店，2008) p.147.
9) ウクライナ政府：ウクライナ政府報告書 (第 3 章，第 4 章) の日本語訳 修正版を掲載―市民科学研究室 https://www.shiminkagaku.org/20130408-2/
10) Y. I. Bandazhevsky: Chronic Cs-137 incorporation in children's organs, *Swiss Med Wkly.* 133 (35-36), 488-490 (2003 Sept 6), https://doi.org/10.4414/smw.2003.10226
11) ユーリ・I・バンダジェフスキー：『放射性セシウムが人体に与える医学的生物学的影響：チェルノブイリ原発事故の病理データ』(久保田護訳，合同出版，2011).
12) ユーリ・I・バンダジェフスキー，N・F・ドウボバヤ：『放射性セシウムが生殖系に及ぼす医学的社会的影響』(久保田護訳，合同出版，2013).
13) ラルフ・グロイブ，アーネスト・スターングラス：『The Petkau Effect 人間と環境への低レベル放射線の脅威』(肥田舜太郎，竹野内真理訳，あけび書房，2011).
14) 肥田舜太郎，鎌仲ひとみ：『内部被曝の脅威』(ちくま新書，2004).
15) 吉川敏一監修：『酸化ストレスの医学 改訂版』(診断と治療社，2014).
16) 明石昇二郎：「福島県で 9 年連続多発が確認された『胃がん』を黙殺する環境省の『調査研究』」『週刊金曜日 1472 号』2024 年 5 月 17 日.
17) Kazumasa Aoki: Internal exposure survey on residents of Minamisoma City causedby Fukushiman uclear accident using urinary radioactive cesium concentration measuring NPO Radioactivity Monitoring Center for Citizen (Chikurin-Sha), Proceedings of the 22nd Workshop on Environmental Radioactivity, KEK, Tsukuba, Japan, March 10-12, 2021. https://lib-extopc.kek.jp/preprints/PDF/2021/2125/2125002.pdf
18) 飛田晋秀：「避難指示解除が進む地域の現状―マスメディアでは報道されない高放射線量が続いている」『なぜ甲状腺がんは増え続けるのか?』(福島原発事故による甲状腺被ばくの真相を明らかにする会，2024) p.82 及び p.90 の福島敦子報告「福島第一原子力発電所爆発事故による低線量被ばくの体現」.
19) 三田茂：「新ヒバクシャに『能力減退症』が始まっている」『東京五輪がもたらす危険』(緑風出版，2019) p.156.
20) 京都「被爆 2 世・3 世の会」
http://aogiri2-3.jp/shokai.html#a

●特集● 原発のない社会づくりのための検証と展望

ティッピング・ポイントに近づく気候変動
―自然エネルギー，省エネの国家レベルの対策を！

北極の高温化と海氷の融解が引き金となり，グリーンランド氷床の融解と偏西風の流れの変化による気候変動が進んでいる．2023年以降，日本の夏の平均気温は急激に1℃上昇し，熱中症者が増え，農産物に影響している．日本の温室効果ガス排出量の大幅削減は人類的課題である．原発をなくし，省エネと自然エネルギーへの転換を急ぎ進める必要がある．

河野　仁

はじめに

温室効果ガスの削減は人類にとって差し迫った課題である．2015年のパリ協定で，世界的な平均気温上昇を産業革命以前に比べて2℃より十分低く保つとともに，1.5℃に抑える努力を追求することが決められた．

その理由は，1～3℃が地球の生態系や気候変化のティッピング・ポイント（転換点）と考えられていたためである．転換点を過ぎると，気候変動が一気に進み，温室効果ガス排出量を減らしても，元の状態にもどれなくなる．転換に関係する要素は，グリーンランド氷床の融解，西南極氷床の融解，低緯度のサンゴ礁の消滅，山岳氷河の融解，北方永久凍土の急速融解，冬季バレンツ海氷の消滅，

ラブラドル海の深層対流の停止，大西洋熱塩循環の停止などがリストアップされている．これらは互いに連関しており，相互作用により気候変動がさらに加速するとされている．産業革命以降の地球平均気温が1.5℃を超えるとその可能性が高くなると言われている[1]．

本稿はこの幾つかの要素の中で，北極海氷とグリーンランドの氷床融解に焦点を当て，それが偏西風の流れや海流に変化を与えていることを具体例で解説する．そして，日本を含めて気候変動が転換点に近づいていることを示す．次に，省エネと自然エネルギーへの転換による温室効果ガス削減対策が，現在の技術で十分可能であり，エネルギー基本計画を改定するなど，国を挙げての早急な取り組みが必要なことを論じる．

1　地球の気温と温室効果ガス排出量

温室効果ガスによる気候変動は勢いを増している．世界全体の温室効果ガス排出量は1970年から2023年の53年間に約2倍に増

●こうの・ひとし●
1947年生まれ．東北大学理学部卒．工学博士．兵庫県立大学名誉教授．専門：大気環境学，気象学．著書：「メガソーラーの山林・山間への設置と自然保護」『環境技術』49 (3), 3-21 (2020) ほか．

キーワード：気候（climate），ティッピング・ポイント（tipping points），氷床融解（melting ice sheets），大西洋深層循環（AMOC），エネルギー基本計画（Strategic Energy Plan）
著者連絡先：koyubi@sensyu.ne.jp

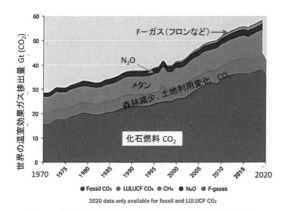

図1 世界の温室効果ガス排出量（1970-2020年）
2020年データは化石燃料 CO_2 および森林減少，土地利用変化のみ（文献2）．

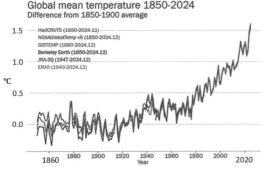

図2 19世紀後半からの地球の平均気温変化（文献3）

えた（図1，国連環境計画 UNEP：United Nations Environment Programme）．その結果，地球の平均気温は1970年以降急速に上昇している．2024年の地球の平均気温は産業革命前から1.55 °C 上昇し，単年であるがパリ協定の目標1.5 °C 以下を超えた（図2，世界気象機関，WMO：World Meteorological Organization）．

2 パリ協定と国別の温室効果ガス排出量

世界各国の温室効果ガス排出量削減の交渉は締約国会議（COP：Conference of the Parties）で行われている．条約は，1992年に国連総会で採択された（締約国数：198ヵ国）．第3回COPが1997年に京都で開催され，この地球温暖化防止京都会議で先進国の温室効果ガス排出量について法的拘束力のある各国ごとの数値目標を定めた「京都議定書」が採択された．

2015年に開催されたパリ会議（COP21）では，2020年以降の新たな枠組みであるパリ協定が採択された．その中では，以下のような世界共通の長期目標が掲げられている．世界の平均気温上昇を産業革命以前に比べて2 °C より十分低く保ち，1.5 °C に抑える努力をする．そのため，できるかぎり早く世界の温室効果ガス排出量をピークアウトし，21世紀後半には，温室効果ガス排出量と（森林などによる）吸収量のバランスをとる．

2022年現在，世界の温室効果ガス排出量の55%は中国，アメリカ，EU，インド，インドネシア，ブラジル，ロシアと国際輸送が排出している[4]．国民1人当たりの排出量の大きい国は，アメリカ，ロシア，日本，中国，EUである．EUと日本を比べると，EUは1990年（京都議定書の基準年）から2022年までに27%減らしている[5]のに対して，日本は11%の削減[6]であり，日本の対策はあまり進んでいない．

気候モデルを使った計算によると，気温上昇を1.5 °C 未満にするには，温室効果ガス

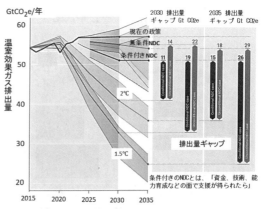

図3 2030年，2035年における目標と温室効果ガス排出量のギャップ報告（文献7）

CO_2，メタン等の温室効果ガスは，その種類ごとに温暖化への影響の大きさが異なる．それらを考慮して全温室効果ガスを CO_2 の質量に換算する CO_2e という単位が使われる．

の排出量を2030年に2019年排出量比で，世界全体で40～50％削減（図3）[7]，日本では80％以上削減する必要がある[8]．そして，2050年には温室効果ガスの排出を実質ゼロ，すなわち，温室効果ガスの人為的な発生源による排出量と植物などの自然吸収源による除去量との間の均衡を達成する必要がある．しかしながら，国連環境計画報告（図3）によると現在の各国の計画削減量は1.5℃目標に対して，大幅に不足しており，現在の政策のままでは3℃上昇に向かっている．

3　北極圏の気温上昇と北極海氷面積の縮小

気温上昇率は地球上の地域によってかなり差がある（図4）．赤道と比べて北極や南極の気温上昇が大きく，地球平均で1.5℃上昇の場合に北極では5℃上昇する．また，海上と比べて陸地の気温上昇が大きく，ユーラシア大陸では2～3℃の上昇になる[9]．北極圏の気温上昇が他の地域と比べて特に大きい理由は，雪氷が融けることにより地表の太陽光反射率が小さくなり，海水や陸地に太陽のエネルギーがより多く吸収されるようになるためである[10]．

北極圏の気温上昇に伴い，海氷面積が縮小し，それがさらに海水温を上昇させている．北極海の海氷面積は9月に最小になる．9月の海氷面積は1970年頃から40年間で約1/2に減少した[11]．気候変動に関する政府間パネル（IPCC：Intergovernmental Panel on Climate Change）第6次報告によると，今世紀半ばには9月の北極海に氷はなくなると予測されている．北極の大きな気温上昇は偏西風の流れを変えて，異常気象を頻発させる原因となる．

4　氷床，氷河の融解，海面上昇，深層海流

グリーンランドはその80％が氷床に覆われている．氷の厚さは平均1700 mで，地球上にある氷の体積の10％に相当する．グリーンランド氷床全体が融けると，海面の高さが7 m上昇することが分かっている[12]．北極の気温上昇に伴い，グリーンランド氷床の融解が加速度的に進行している（図5）[13]．

南半球高緯度も気温上昇が大きい．西南極の氷床は1992年頃から融解が始まり，1992年から2017年までの間に2720±1390 Gtの氷が失われた[14]．これが全て融けると海面が5 m上昇する．

山岳氷河は，1980年代以降，大きく融解が進んでいる．アルプスの氷河は1850年から2015年の間に，体積の64％が溶けた[15]．山岳氷河の融解は，その地域の水資源に影響

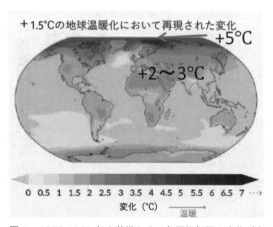

図4　1850-1900年を基準とする年平均気温の変化（文献9）

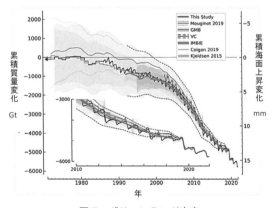

図5　グリーンランド氷床
1840年から2021年質量変化（文献13）

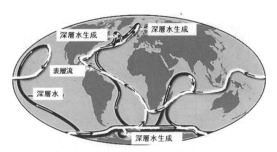

図6 深層循環（NASA 文献17の図を元に河野が作成）
海洋の循環を表層と深層の二層で単純化したもので、黒い線は深層流、白い線は表層流を示す.

を与える。例えば、アフガニスタンでは標高4500 m 以下の山の万年雪の融解によって、旱魃が生じている[16]。

グリーンランドの氷が融けると、密度の低い淡水が大量にラブラドル海やイルミンガー海に注ぎ込むので、北大西洋の深層循環（熱塩循環）（図6）が弱まり、停止する可能性があることが議論されている[1]。古気候の研究や気候のシミュレーションから深層循環が停止すると熱の南北輸送が抑えられ、北半球の気温が急激に 5〜6 ℃ 下がる[18]と予測されている。気温が何度上昇すると深層循環が停止するかの予測幅が 1.4〜8 ℃（平均4 ℃）と大きく[1]、深層循環が止まる時期について、まだ、研究者の共通見解は出ていない。しかし、停止でなくても弱まることによる気候変化はあり得ると考えられており、この問題に研究者の注目が集まっている。

古気候の研究[19,20]によると、最後の氷河期が終わった、今から1万5000年前から1万2900年前に主に北半球で急激な寒冷化が生じた（ヤンガードリアスと呼ばれている）。この現象は、北大西洋に融氷淡水が大量に流入し、熱塩循環が弱まったためと考えられている。また、氷河期は現在よりも気温の変化が激しく、農業に適さない期間であったことも分かっている。完新世と呼ばれる1万1500年前から現在までの期間は、温暖で気温の変動が比較的小さい、それ故、農業に適した時期であった。その安定な気候が人間の手によって壊されようとしている。

2100年の海面上昇の予測は、対策の程度によって幅があるが、現在よりも 30 cm〜70 cm 上昇する。海面は数百年以上かけて上昇することがわかっており、2300年の海面は 2 m〜5 m 上昇、温室効果ガス排出量が多い場合には最大 15 m 上昇する[21]という予測がある。

5 偏西風, 海水温上昇と台風の進路

世界中で異常気象が頻発しているが、その原因は、偏西風の流れ方が従来と比べて変化しているためである。気象庁では、「異常気象は30年に1回以下のまれな現象」と定義している。気象庁は2007年から大学の研究者と共同で異常気象分析検討を行っている[22]。年々異常気象の頻度が高くなっている。

近年台風の進路が変化している。人々を驚かせた2016年台風10号の進路は、北緯33度の比較的高緯度で発生し、一旦沖縄の南、北緯23度まで南下し、そこから北上し、太平洋岸から岩手県に上陸するという従来にないコースを進んだ。これは偏西風の流れの変化がもたらしたものである（偏西風の流れの変化と異常気象については、数多くの事例がある。興味ある人は文献23をご覧いただきたい）。

海面水温の上昇に伴い、強い台風が北上する傾向が出ている。その代表例として、2019年10月に関東、中部から東北を通過した台風19号は通過した広い範囲の地域に大きな水害をもたらした。長野市では千曲川の堤防が決壊し、流域の広い範囲が冠水した。

6 黒潮の北上―夏の極端な高温化, 熱中症

2023年、2024年の夏にはそれ以前と比べ、平均気温が急激に 1 ℃ 上昇している。黒潮

の流れの変化がこの気温上昇に大きく影響している．黒潮は従来，房総半島沖から東に向かったが（図7上）[24]，2022年以降，東北から北海道沖まで北上して（図7下）[25]，それが，北日本に3〜5℃の高温化をもたらしている．

夏の最高気温は多くの地点で体温を超える40℃近くに達している．最高気温35℃以上の猛暑日は，大阪では1970年代は5日程度だったが，2020年代は20〜30日に増えている[26]．

熱中症患者搬送者数は2023年に全国で9万人であり，15年前の5〜10倍に増えている（総務省消防庁）[27]．1970年代はエアコンがなくても，死ぬことはなかったが，現在はエアコンがないと熱中症で死亡するレベルの気温になっている．建築，道路工事現場，配達など多くの人が熱中症の危険の中で働くという新しい深刻な社会問題に直面している．

2023年以降は秋が短くなり，夏から冬に急激に変わる傾向が出ている．海水温の上昇，海洋熱波が影響している．2024年に大阪府では10月末でも熱中症警戒レベルの気温となった．

7　農業[28]

水稲は登熟期の高温等による白未熟粒が発生している．高温・多雨により，ウンシュウミカンの果皮と果実が分離する「浮皮」が発生している．高温により，りんごやぶどうの「着色不良」が発生している．高温により，トマトの赤色色素の生成が抑制される「着色不良」が発生している．

ウンシュウミカンの栽培適地は北上し，内陸部に広がることが予測されている．リンゴについては，21世紀末になると長野県の平野部，東北地方の中部・南部など主産県の一

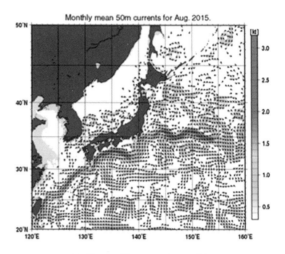

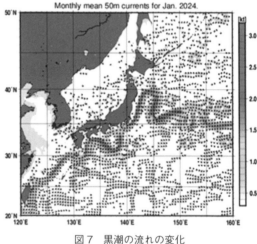

図7　黒潮の流れの変化
上図は従来の流れ，下図は東北まで北上している．図の濃い部分は流速が大で黒潮の流軸を示す．原図はカラー（文献24, 25）

部の平野部は栽培適地よりも高温になり，北海道で栽培が広がることが予測されている．

8　集中豪雨と洪水

日本近海の海面水温と気温の上昇によって，大気中の水蒸気量が増えている．海面水温が上昇するとより多くの水蒸気が海から蒸発し，気温が上昇すると，空気が含むことのできる水蒸気量（飽和水蒸気量）が増加する．そのため，日本で集中豪雨の頻度が増えている．1時間降水量50 mm以上の豪雨（滝のように降る，ゴーゴーと降り続く，傘は全く役に立たない雨）の発生回数は2020年まで

の45年間に1.5倍になり，全国の土砂災害発生回数は2倍となっている[23]．また，2014年以降，氾濫危険水位を超える河川数，堤防が決壊し洪水を起こす河川数が急増している．気象庁は将来の温室効果ガスの上昇を想定したシミュレーション計算を行っており，気温上昇が2℃の場合には1時間降水量が50 mm以上の豪雨の頻度が1.6倍に増加し，4℃上昇の場合には2.3倍に増加すると予測している[29]．国土交通省では，気象庁の予測結果から，ダムの貯水量の増大や河川堤防のかさ上げが必要だと判断しているが，直ぐには対応できないため，早めの避難を呼びかけている．

9　日本のエネルギー基本計画と温室効果ガス削減対策

1.5℃目標を達成するためには，日本は2030年までに温室効果ガス排出量を2019年度比で80%以上削減する責任を果たす必要がある[8]．しかし，現在の日本政府の温室効果ガス削減目標は，2013年度比46%，2019年度比では37%削減であり，目標が小さい．その目標値のベースになったエネルギー基本計画（図8）で，2030年の電源構成（第6次エネルギー基本計画[30]）は化石燃料が40%，内，石炭火力が19%残る．また，原子力発電が約20%占め，2011年の福島原子力発電所事故前の原子力発電量の7割の再稼働を前提にしている，という問題がある．また，風力発電の計画値が4%程度とその潜在量と比べ極めて小さい．

2025年2月に発表された第7次エネルギー基本計画[31]では，2040年に自然エネルギー4～5割，火力3～4割，原子力2割であり，第6次エネルギー基本計画と比べて大きな変化はない．環境省の調査[32,33]によると陸上風力発電の潜在量が現在の発電設備容

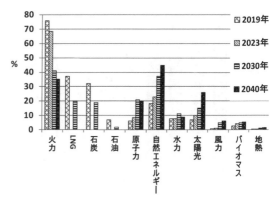

図8　エネルギー基本計画による2030年，2040年の電源構成

図は元の報告書から筆者が作成した．2040年の火力と自然エネルギーのそれぞれの内訳は発表されていない．（文献30, 31）

量と同程度あり，洋上風力発電着床式が現在の発電設備容量と同程度，浮体式が現在の発電設備容量の2倍ある．太陽光発電のポテンシャルも，現在の発電設備容量の8割ある．

第7次エネルギー基本計画の中身は原子力発電の持続的活用など，経団連の意見[34]に沿っており，パブリックコメントにおいて，気候ネットワークなどの環境NGOが出している意見はほとんど無視されている．経団連の意見は大手電力会社の方針でもある．自然エネルギー（＝再生可能エネルギー）には新しい電力事業者や自治体や市民が参加しており，大手電力会社の利益と相反している．現政府は大手電力会社の利益を優先するエネルギー基本計画を作成している．それが，エネルギー源の選択の背後にある本質的な問題である．

エネルギー基本計画は閣議で決められており，国会で議論していない．国民の意見を反映させるため，国会で議論する必要がある．

10　日本で風力発電導入が妨げられた経過とCO_2排出量削減の技術的な見通し

世界のいくつかの国の電力への自然エネルギー導入率を比較したのが図9である[35]．

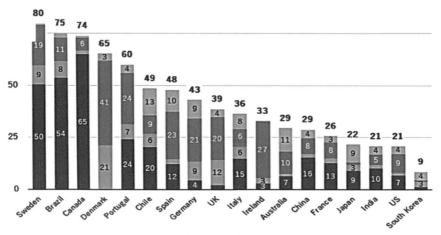

図9 電力に占める自然エネルギーの割合（文献 35）

スウェーデンは電力の 80% が自然エネルギーである．ドイツは 43%，英国は 39% である．日本は 22% であり，他の国と比べて少ない．22% の中で水力発電と太陽光発電が大部分を占めている．日本で潜在力の最も大きい風力発電が 1% と非常に小さい．この 1% という数字は他の国と比べても飛びぬけて少ない．風力発電をどの場所に導入していくかが大きな課題である．現在最も注目されているのが，洋上風力である．

当初，風力発電の導入を進めたのは大手 10 電力会社以外の新規中小事業者である．既にヨーロッパのいくつかの国では風力発電が発電電力量の数十 % を占め，しかも発電単価が自然エネルギーの中で最も安かった．それゆえ，風力発電が火力発電と原子力発電を制覇する客観的な可能性があった．それゆえ，火力発電と原子力発電に投資してきた大手電力会社は，既得権益を守るために，風力発電が電力網に入ってくることに対して反対したのではないか．反対の理由は，「送電網に空きがない」「変動電源が増えると周波数が不安定になる」である．ところが，安田による東北電力を対象とした調査[36]によると，実際は送電線がかなり空いていた．問題は，発電を行っている電力会社が送電に対しても強い影響力を持っていることである．電力の自由化が言われて，小売では新しい電力小売り業者が誕生したが，肝心の送電に関しては，持ち株会社という形を取っており，発電会社と送電会社の分離が不完全であり[37]，そのことが影響していると筆者は考える．ヨーロッパでは系統（送電・配電網）への自然エネルギーの優先接続が実行されているが，日本では原子力発電を最優先させる政策がとられており，晴天で太陽光発電の出力が上がる時には，太陽光発電や風力発電の出力制御が全国的に行われている．自然エネルギーを増やすには，エネルギー基本計画において原子力発電優先政策を転換することが必要である．

また，自然エネルギーは数が多くなるので，その配置（ゾーニング）の際に，環境対策と自然保護を考慮して行う必要がある．地方自治体が専門家と住民の意見を聞きながらゾーニングを行う事が重要である[38]．

日本における自然エネルギー，省エネの技術的な見通しを歌川が研究している[8]．それによると，太陽光，風力などの自然エネルギーの導入，新設，設備更新時に省エネの設備機械を導入，建物断熱，電気自動車，LED などの既存技術とその改良技術で，全国でエネルギー起源 CO_2 排出量を 2013 年比で

2030 年に 70% 削減，2035 年に約 80% 削減，2050 年には 95% 以上削減が可能としている．

発電単価（円 / kWh）は既に自然エネルギーが火力や原発よりも下回っている．陸上風力 11 円（2023 年），洋上風力入札 13 円（2030 年），太陽光住宅屋根 16 円（2023 年），太陽光事業用地上 11 円（2023 年），LNG 火力 17 円（2024 年），石炭火力 20 円（2024 年），原発 40 円[39]．結論として，原発を再稼動する必要性は全くない．

おわりに

気候変動は人類の生活，生存を脅かすものであり，ティッピング・ポイントに近づいている．国連が求める温室効果ガス大幅削減を実行する必要がある．これからの 5 年，10 年間の対策が重要である．省エネ，自然エネルギーによる，2035 年（2013 年比）80% 温室効果ガス削減は技術的に可能である．エネルギー基本計画を国会で議論し，省エネを進め，自然エネルギーを増やし，原発をなくす計画に変える必要がある．

謝辞 中島映至氏（東京大学名誉教授），中塚 武氏（名古屋大学教授）から素稿に貴重なコメントを頂いた．お礼を申し上げる．

注および引用文献（URL 最終閲覧 2025 年 2 月 18 日）

1) David I. Armstrong McKay et al.: Exceeding 1.5 ℃ global warming could trigger multiple climate tipping points, *Science* 377, 1171 (2022).
2) UNEP: Emissions Gap Report 2021.
3) WMO: Press Release（2025 年 1 月 10 日）.
4) UNEP: Emissions Gap Report 2023.
5) European Commission: GHG emissions of all world countries 2023 report.
6) 国立環境研究所：「2022 年度の我が国の温室効果ガス排出・吸収量（詳細）」.
7) UNEP: Emission Gap Report 2024.
8) 歌川 学：「日本における自然エネルギー，省エネの技術的な見通し」『日本の科学者』59（2），25-30（2024）.
9) IPCC 第 6 次評価報告 WG1, Figure SPM.5（2021）.
10) Haruhiko Kashiwase et al.: Evidence for ice-ocean albedo feedback in the Arctic Ocean shifting to a seasonal ice zone, *Scientific Reports* 7, Article number: 8170 (2017).
11) JAXA：「北極海の海氷面積が 9 月 13 日に年間最小値を記録〜衛星観測史上 2 番目の小ささ〜」（2020 年 9 月 23 日）https://www.jaxa.jp/press/2020/09/20200923-2_j.html
12) 杉山慎他：「グリーンランド氷床とは？」https://www.nipr.ac.jp/grene/20141117seminar/pdf/poster_Enomoto2.pdf
13) Kenneth D. Mankoff et al.: Greenland ice sheet mass balance from 1840 through next week, *Earth Syst. Sci. Data* **13**, 5001–5025 (2021).
14) Shepherd, Andrew et al.: Mass balance of the Antarctic Ice Sheet from 1992 to 2017, *Nature* **558**, 219–222 (2018).
15) Johannes Reinthaler and Frank Paul: Reconstructed glacier area and volume changes in the European Alps since the Little Ice Age, *The Cryosphere* **19**, 753–767 (2025).
16) 河野 仁：「アフガニスタンにおける干ばつと洪水―気候変動の影響」『天気』66（12），773-783（2019）.
17) NASA: Global Conveyor Belt. https://earthobservatory.nasa.gov/features/Paleoclimatology_Evidence/paleoclimatology_evidence_2.php
18) Stefan Rahmstorf: Ocean circulation and climate during the past 120,000 years, *Nature* **419**, 12 September (2002).
19) 中川 毅：「水月湖年縞堆積物の花粉分析と精密対比によって復元された，晩氷期から完新世初期にかけての気候変動の時空間構造－その古気候学的および考古学的意義」『第四紀研究』62（1），1-31（2023）.
20) 中島映至，田近英一：『正しく理解する気候の科学』（技術評論社，2013）.
21) IPCC 第 6 次評価報告 WG1 SPM.B.5.4,（2021）.
22) 気象庁：異常気象分析検討会.
23) 河野 仁：「日本の異常気象と気候変動」『日本の科学者』55（9），11-18（2020）.
24) 気象庁：日本近海の深さ 50m の月平均海流分布図（2015 年 8 月）.
25) 気象庁：日本近海の深さ 50m の月平均海流分布図（2024 年 1 月）.
26) 気象庁：大都市における猛暑日日数の長期変化傾向.
27) 総務省消防庁：2023 年 10 月 27 日報道資料.
28) 農林水産省農産局農業環境対策課：「農業分野における気候変動・地球温暖化対策について」（2024 年 1 月）.
29) 文部科学省，気象庁：「日本の気候変動 2020―大気と陸・海洋に関する観測・予測評価報告書」.
30) 資源エネルギー庁：「エネルギー基本計画の概要」（2021 年 10 月）.
31) 資源エネルギー庁：「エネルギー基本計画の概要」（2025 年 2 月）.
32) 環境省地球環境局地球温暖化対策課：「平成 27 年度再生可能エネルギーに関するゾーニング基礎情報整備調査報告書」（2016 年 3 月）.
33) 環境省地球環境局地球温暖化対策課：「平成 21 年度再生可能エネルギー導入ポテンシャル調査報告書」（2010 年）.
34) 日本経済団体連合会：「第 7 次エネルギー基本計画（案）のパブリックコメント募集に対する意見」（2025 年 1 月 24 日）.
35) IEA: Monthly electricity statics: Data up to December 2021.
36) 安田 陽：「送電線空き容量問題の深層とその後の最新動向」（京都大学再エネ講座シンポジウム 2020 年 12 月）.
37) 飯田哲也：SOLAR Journal（2020 年 4 月 28 日）.
38) 河野 仁：「山間の町村と小都市における自然エネルギー利用促進と環境保護，経済循環―先進事例と課題」『日本の科学者』59（2），19-24（2024）.
39) 歌川 学：「2035 年に向けた排出削減対策について」日本科学者会議第 25 回総合学術研究集会講演 B2 分科会報告（2024 年 11 月 30 日）.

●特集● 原発のない社会づくりのための検証と展望

新原子力規制基準で原発は安全になったか
―深層防護戦略の形骸化

岡本良治

2023年，複数の世論調査で原発再稼働の賛成が反対を上回った．その主たる原因として原子力規制委員会の審査に合格しているので，安全性が保証されたという先入観が考えられる．本稿では新原子力規制基準における，過酷事故対策を深層防護戦略の全5層と対比して批判的に分析する．新原子力規制では国際標準の安全施策は国ごとに選択可能であるとして，第4層は極めて不十分で，第5層は審査対象ですらない．

はじめに

2022-23年にかけて，複数の世論調査で，原発再稼働の賛成が反対を上回った．その主たる原因は「原子力規制委員会の審査に合格しているのだから，少なくとも福島原発事故後に再稼働した原発はそれなりの安全性を備えているだろう」という先入観である[1]．

他方，原発の安全性・危険性をめぐる欺瞞的な言説がある．すなわち元規制委員会委員長は（規制審査合格は）「絶対安全という意味ではない」「安全だとは言わない」と言い，政府は「規制審査合格で安全性が確保された原発は再稼働する」と政治的に読み替える．

本稿では原発の持つ2大リスク，過酷事故と放射性廃棄物の問題の中で，新原子力規制基準における過酷事故（シビアアクシデント）対策を国際原子力機関（IAEA）の「深層防護戦略の全5層」の徹底性の観点で批判的に分析する．新原子力規制基準においては，過酷事故は重大事故と表現されているが，本稿では過酷事故とする．

原子力規制政策は科学的・技術的観点だけから行われるが，「科学的である」とは，再現性，原因と結果の関係がしっかりしていることであるという説明もある．しかし，複雑系における事象の原因の解明は一般に容易ではなく，根拠（エビデンス）の質・レベルがより重要となる．科学的態度とは次の2つの原則を忠実に守る姿勢のことである[2]．①経験的根拠を大切にする，②新たな根拠に照らして自分の理論を変える意思をもつ．

1 複雑技術システムにおける「普通の事故」と原因の階層性

（1）2つの危険とリスク

危険性についての2つの指標は，想定される被害の大きさと発生確率の大きさで，これらの積をリスクという．原発事故の想定被害

●おかもと・りょうじ●
1948年生まれ．九州大学大学院理学研究科単位取得退学．理学博士．所属:九州工業大学名誉教授．専門:原子核物理学．著書:『スピンと角運動量』（共立出版，2015）ほか．

キーワード：設計想定内事故（design-base accident），過酷事故（severe accident），全交流電源喪失（station blackout），全電源喪失（loss of all electric power）
著者連絡先：Okamoto.ryoji.munakata@gmail.com

は巨大であることが推定されるので，原発推進勢力は1原子炉当たりの重大な事故の確率が「1万原子炉・年に1回」という推定を行ってきたが，実際には33年間にスリーマイル島原発事故，チョルノービリ（チェルノブイリ）原発事故，福島第一原発事故（3基）が起きた．

(2) 複雑技術システムの「普通の事故」

複雑技術システムには，顕在的な構成要素だけではなく，潜在的な構成要素も含まれている．構成要素間の全ての相互作用（結合）が十分に弱いのか，かなり強い相互作用があるのか，相互作用が線形的なのか非線形的なのか，事故前には必ずしも顕在的ではない．したがって，たとえ顕在的な構成要素が非常に高性能でも，構成要素間の相互作用の起因による事故，システムの複雑性に由来するシステム事故は普通に起こる[3]．

(3) 原因の階層構造

一般に複雑なシステムの事故原因が単純であることは希である．原因は一般に3層構造から構成されると見なすアプローチ[4]があり，適用実例もあり，有用であると考えて本稿ではこれを採用する．

レベル1：直接的原因．関連する事象の連鎖；初期事象（または起因事象）→事象2→事象3→‥‥‥

レベル2：関連する条件の有無

レベル3：制約または根本原因．設計ミスなど技術的及び物理的条件や管理システム，組織文化など．

また，原発事故の初期事象を整理，分類し，自然災害（地震，津波，火山噴火，豪雨，竜巻など），人為ミス（設計，運転，工事，保守管理など），軍事テロ，サイバーテロを4大トリガーと呼ぶ見解がある[5]．実際の初期事象は地震，津波，豪雪など外部事象の複合または外部事象と内部事象の複合になる可能性もある．

2 過酷事故と電源喪失問題

(1) 原発に固有で原理的な危険性

原発に固有で原理的な危険性とはその運転期間の長さに応じて生成，蓄積される放射性物質の放射性崩壊にともなう放射能と崩壊熱の存在である．放射能は超長期間にわたり，崩壊熱は運転中もその熱出力の約8%程度あり，運転停止後は徐々に低減される．しかし崩壊熱は長期にわたり放出され続け，冷却に失敗すれば，炉心とその周辺が溶融し，過酷事故になる．

(2) 過酷事故とは何か

過酷事故とは，あらかじめ想定していた「設計基準事象」を大きく超える事象であり，設備の故障や人的錯誤といった複数原因により，原子炉の中の核燃料の冷却や制御が不可能となり，炉心が重大な損傷を受けるような事象を指す．出力暴走（反応度事故），原子炉の空炊き（冷却水喪失事故）などがこれにあたる．過去には，旧ソ連のチョルノービリ原発，米国のスリーマイル島原発，日本の福島第一原発での事故例がこれに該当するとされる．

商用炉で初めての過酷事故が起きたのは1978年，米国スリーマイル島原発においてである．運転員の認識ミスや判断ミスで，緊急炉心冷却装置の水を止めてしまったという人為的ミスが直接的原因とされている．

大統領諮問委員会の報告において，スリーマイル島原発事故の真の事故原因は「原発の設備の安全性を信じていたという思い込みである」とされ，運転員の操作ミスも相まって「人間こそ重要」という点が強調された．

しかし「軽水炉そのものの技術的欠陥」を厳しく追及することが欠落している[6]．

(3) 初期事象ごとの相対的な発生頻度の比較

米国原子力規制委員会（NRC）による過酷事故リスク評価についての技術報告[7]が

1990年に発表され，確率論的リスク評価により，発生頻度が最大なのは，過渡的事象，冷却水喪失ではなく，全交流電源喪失（ステーションブラックアウト，以下SBOと略）であることが明らかになった．

（4）電源喪失問題—B.5.b条項以後—

電源喪失にはいくつかのレベルがある；全交流電源喪失（SBO），全交流電源系統喪失および全交流電源系統喪失に加えて，直流電源が利用できない全電源喪失[8]である．

2001年9月11日，米国で連続航空機テロが発生して世界に衝撃を与えた．NRCは2002年「原子力施設に対する攻撃の可能性」に備えた特別の対策を各原発に義務づける命令[9]を出した．この命令のB.5.b条項（以下，B5bと略）では，「設計基準を超える航空機衝突を含むあらゆる原因で起こる大規模な火災および爆発による施設の広範な領域の損失に対処するために，炉心冷却，格納容器封じ込め，使用済み燃料プールの冷却を維持または復旧するための容易に利用できるリソースを用いた緩和戦略を採用する」ことを事業者に義務付けた．

B5bの想定内容と福島第一原発事故（以下，1Fと略）の実際とを電源喪失と原子炉の冷却について比較する．

まず電源喪失について：B5bでは，交流電源と直流電源両方を同時に喪失する事態と中央制御室を含むコントロール建屋の全滅も想定していた．しかし1Fでは全交流電源の喪失は想定していたが，バッテリーの直流電源も同時に失うことまでは想定外で，実際には1Fの1，2号機で交流・直流の両電源が水没した．

次に，原子炉の冷却について：B5bでは交流電源や直流電源がない状態でも，非常用復水器（IC），原子炉隔離時冷却系（RCIC）を手動で起動・運転する方法の文書化を義務づけた．しかし1Fでは1号機のIC，2号機の

RCICの作動状況を見誤り，対応を誤った疑いがある．

（5）福島第一原発事故の原因の階層性論

制約（根本原因）[6,10]は原発に固有で原理的な危険性と事故前まで経産省・原子力安全・保安院（当時）がチョルノービリ原発事故以後，原子力規制における世界標準となっていた深層防護全5層のうち，過酷事故対策である第4層を規制の対象とせず，事業者の努力目標にしていた．

事故の深刻化または抑制化として働いた条件としては以下のことが挙げられる：

条件1（深刻化）：初期事象は規模M9.0の地震動で，それによって外部電源が喪失した．続いて約1時間後の巨大津波により（すべてまたは大部分の）非常用電源も喪失した．地震・津波が共通原因事象となった．SBOの場合の操作手順書は備えられていたが，さらに直流電源も失われた場合の手順書や準備はなかった[11,12]．

条件2（深刻化）：福島第一原発内の複数原子炉の過密配置と危機の増幅

条件3（抑制化）：2号機の格納容器のどこかに脆弱な部分があり，そこから気体が漏れ，格納容器の破壊は免れた[13]．

条件4（抑制化）：4号機の使用済燃料プールの循環水が，供給停止のはずが，複数の偶然で満たされていた[13]．

条件5（抑制化）：重要免震棟の存在と機能[13]．

条件6（抑制化）：事故後の風が陸から太平洋側に吹いた[13]．

条件3から6がなければ，首都圏を含む広い範囲に放射性物質が飛散し，首都圏の機能に重大な影響を与えていた可能性があった[14]．

3 原子力規制における深層防護戦略

（1）世界標準としての深層防護戦略

深層防護戦略は本来軍事的概念であるが，

原子力以外の安全保障問題にも応用されている．過酷事故の影響が拡大した場合の危機感とこれまでの投資回収の必要性，コスト増大の恐れから，妥協の産物として，後付け対策で対処するのが深層防護戦略である．

原子力規制における深層防護戦略は歴史的には，米国で提起されてきたが，IAEAの国際原子力安全諮問グループ（INSAG）も独立に検討してきた．

IAEAの深層防護戦略[15,16]は設計想定内対策だけではなく過酷事故対策も含む全5層から構成される：

1層：異常操作と失敗の防止
2層：異常操作の制御と失敗の検出
3層：事故を設計範囲内に制御
以上，設計想定内対策．
4層：事故の進行の防止を含むプラントの過酷な状態の制御と過酷事故の結果の緩和
5層：放射性物質の施設外への有意な放出の結果の緩和（施設外への緊急対応）

重要なことは各層相互の独立性，すなわち前段否定の考え方である．換言すれば「ある防護レベルがどんなに頑健であったとしても，単一の防護レベルに完全に頼ってはならず，一つの防護レベルが万一機能し損なっても次の防護レベルが機能するようにしなければならない．」[17]

たとえ第3層の設計想定事故の防止ができるとしても，第4層の過酷事故が起きないという保証はないと考えるべきである．

(2) 深層防護戦略からみた新原子力規制基準

筆者が知る限り，日本科学者会議を含む原発反対運動においては，この問題についての系統的分析は論考18)のみのようである．

新規制基準におけるIAEA安全基準の既存の施設への適用について，原子力規制委員会は「IAEA安全基準の既存の施設への適用は自国の判断によるものであり，IAEA安全基準のすべてを採用していない新規制基準も不合理ではない」と主張する[19]．しかし，深層防護の重要な点は，全体として採用すべきであって，選択メニューではない[15,16]．

さらに1Fを受けて改正された原子炉等規制法は，発電用原子炉設置者に対し，原子力規制委員会規則で定める技術上の基準に適合するように維持する義務（いわゆるバックフィット）を課した．これは，新たな科学的・技術的知見等により，規制基準に新たな項目が追加された場合や基準の引き上げが必要となった場合に，既設の原子炉に対しても新たな基準への適合を求めるものであると説明されている[20]．まさに原子力規制においても科学的であることが問われているではないか．

(3) 第4層（過酷事故の緩和）の不十分性

原子力規制委員会は次のように主張する．「第4の防護レベルは，第3の防護レベルでの対策が失敗した場合を想定し，事故の拡大を防止し，重大事故の影響を緩和することを要求するものである．重大事故等に対する安全上の目的は，時間的にも適用範囲においても限られた防護措置のみで対処可能とするとともに，敷地外の汚染を回避又は最小化することである．また，早期の放射性物質の放出又は大量の放射性物質の放出を引き起こす事故シーケンスの発生の可能性を十分に低くすることによって実質的に排除できることを要求するものである．」[19]

原子力規制委員会はその根拠として，IAEAの報告（改訂版）の文章[21]「第4レベルの防御の目的は，第3レベルの深層防護の失敗によって生じる事故の影響を軽減することです．これは，そのような事故の進行を防ぎ，重大事故の影響を緩和することによって達成されます．重大事故の場合の安全目標は，時間の長さと適用範囲が制限された防護措置のみが必要となり，敷地外の汚染が回避または最小限に抑えられることです．早期の放射

性物質の放出または大規模な放射性物質の放出につながるイベントシーケンスは「実質的に排除」する必要があります（脚注4)」を引用している.

興味深いことに，この脚注4[21]には「特定の状況が発生する可能性は，その状況が発生することが物理的に不可能である場合，または高い信頼度でこれらの状況が発生する可能性が極めて低いと考えられる場合，『実質的に排除された』とみなされるかもしれない」と記されている．すなわちIAEA報告の担当者らは（第4の防護レベルが）「実質的に排除される」とは断定していない.

これらの事実から，IAEA報告書初版の後，日本の原子力規制当局または政府が非公式の修正を要請し，それに対して報告の担当者らは妥協して，改訂版を作成した．しかし後に過酷事故が発生した場合に責任追及を回避するのに必須の文章を埋め込んだのではないかと筆者は推測する．たとえ原子力規制当局が重要と考えるイベントシーケンスに対する対策が取られたとしても，科学的な観点からは，物理的に可能であるかぎり，頻度が非常に小さいかもしれない他のイベントシーケンスが起こらないとは保証できないではないか.

元原子力コンサルタントの見解[22]によれば，過酷事故対策設備に適用される基本的設計思想は，①恒設があってこその仮設，②アクティブよりもパッシブ設計，③マニュアルよりも自動，④フェイル・セーフの考え方であるという．（ここで，アクティブとは動力を使用する，パッシブとは動力を使用しないという意味．フェイル・セーフとは，ミスや故障が起こることを前提として機器やシステムに異常が発生した際，被害を最小限に抑えるために作動する仕組みのこと).

伊方原発運転差止訴訟では新原子力規制と深層防護との関係も争点になった．「第3層の設計上想定される事故だけでなく，設計上

想定されていない事故が発生する可能性のあることは真理であり，現実にスリーマイル，チョルノービリ，福島の原発事故によってこれが明らかとなったため，想定外の事故に備えるため第4層や第5層の対策が必要とされたにもかかわらず，被告の上記主張は，真っ向からこれに反するものなのである．電力事業者は深層防護の対策を行うというポーズをとりながら，実のところ，深層防護を無視ないし軽視している.」[17]

電力事業者が提案し，規制委員会適合性審査で合格判定にした溶融炉心とコンクリート相互作用への「水張り対策」では深刻な水蒸気爆発を起こさないという保証はない[20-22]．チョルノービリ事故では蒸気爆発が起きた．パッシブ設計でもあるコアキャッチャーは，チョルノービリ事故の教訓である[25]．（コアキャッチャーとは溶融デブリを格納容器内で確実に保持・冷却する設備のこと）．その後，外国の新型原子炉ではほぼ標準装備になっている．新原子力規制において，この設備要求をしないことは不合理である.

(4) 第5層（施設外への緊急対応）が規制基準になっていないこと

東海第二原発運転差止訴訟（2021年）では第5層の不備が争点になった．伊方原発運転差止訴訟（2014年）においても同様で，「新規制基準は，避難計画の実行可能性・実効性のような人の生命・身体に直結する何よりも重要な点についてすら規定していないのであって，IAEA安全基準と『概ね良好に整合』するとは到底いえず，むしろ重要な点で整合していないというべきである.」[20]

さらに，原発立地自治体に策定が義務づけられている原子力防災計画と責任体制・実施体制は不明確で，机上の空論的レベルで，実効性の度合いの検証が困難である[26].

また1Fの条件2（深刻化）のように，集中立地の数が多ければ連鎖事故が起きる可能

性が増す．原発の集中立地に対する規準を設けるべきである[27]．

チョルノービリ原発事故，福島第一原発事故の後，住民の避難だけではなく，復旧，復興まで長期にわたる課題が続く．この点は従来の深層防護戦略の限界であり，その拡張が必要であろう．

1F の教訓に学んで結成されたフランスの原発事故の緊急対応チーム（FARN）[26]はアメリカ NRC の B5b 条項と整合している．FARN では全国を 4 つの地区に分け，それぞれ 70 名強の隊員を配置し，各地域本部はパリにある中央本部と連携して，緊急事態が発令された発電所に向けて必要な資機材とともに現場に到着し，当該発電所内の緊急時対応，すなわち水と電気を補給する"最後の砦"として支援する任務を負っている．

これらのように，新原子力規制規準による適合性審査は深層防護の形骸化と言わざるを得ない．

原因の階層性論が的外れでないと仮定して，今後について推論してみる．初期事象，条件が何であるかなどを予見することは事実上不可能である．しかし根本原因は残存している．すなわち原発に固有の原理的な危険性があり，原子力規制における世界標準の知見を恣意的に選択し，新たに得られたエビデンスに学ばないという新原子力規制基準の問題点がある．

過酷事故が発生した場合，その影響の緩和に適切な対応ができないだけではなく，水蒸気爆発が起これば，事故の拡大要因となる可能性もある．

今後の課題

科学者と市民の共闘も重要であることは自明であるが，科学者が主としてなすべき課題は理論政策活動であろう．

原子力安全・保安院（当時）に B5b 条項の内容が米国側から報告されていたにも係わらず，その後，原子力安全・保安院は原子力委員会，電力事業者に伝達，指導，助言をしていなかったことについては職務怠慢，背任のなどの罪に問うべきかもしれない[27]．

謝辞：資料または著書の提供，議論に対して，福岡核問題研究会メンバー諸氏，原子力問題研究委員会の館野淳氏，山本富士夫氏，岩井孝氏に感謝する．

注および引用文献（URL 最終閲覧：2025 年 2 月 18 日）
1) 樋口英明：『南海トラフ巨大地震でも原発は大丈夫と言う人々』（旬報社，2023）p.162.
2) L. マッキンタイア：『「科学的に正しい」とは何か』（NEWTON PRESS，2024）p.115.
3) Perrow, C.: *Normal Accidents: Living with High-Risk Technologies* (2nd ed., Princeton University Press, 1999).
4) N.G. レブソン：『セーフウェア安全・安心なシステムソフトウェアを目指して』（翔泳社，2009）p.48.
5) 山本富士夫：「原子力問題を考える会の活動 50 年」『福井の科学者』140 号，2024 年 1 月．
6) 館野 淳：『シビアアクシデントの脅威―科学的脱原発のすすめ―』（リーダーズノート，2015）.
7) U.S. NRC: Severe Accident Risks: An Assessment for Five U.S. Nuclear Power Plants (NUREG-1150), October 1990. https://www.nrc.gov/reading-rm/doc-collections/nuregs/staff/sr1150/index.html
8) 岡本孝司：「全電源喪失について」『日本原子力学会誌』54(1), 27-31 (2012). https://www.jstage.jst.go.jp/article/jaesjb/54/1/54_27/_pdf
9) B.5.b, フリー百科事典『ウィキペディア』：https://ja.wikipedia.org/wiki/B.5.b#%E5%BC%95%E7%94%A8%E6%96%87%E5%87%BA%E5%85%B8
伊藤邦雄：「米国原子力発電所の大規模損傷事故時の緩和方策（B.5.b 項）」『保全学』Vol.10, No.4 (2012). https://mainte-archive.cloud/007952
10) Weinberg, A. M.: The First Nuclear Era-The Life and Times of a Technological Fixer (American Institute of Physics, 1994) p.178, p.197.
11) 奥山俊宏：「米原子力規制幹部『米原発のテロ対策 B5b は日本の事故にも適用できた』」朝日新聞論座（2012 年 1 月 29 日）. https://webronza.asahi.com/judiciary/articles/2712012900001.html
12) NHK メルトダウン取材班：『福島第一原発事故の「真実」』（講談社，2021）特に p.287.
13) 樋口英明：『私が原発を止めた理由』（旬報社，2021）pp.22-23，pp.24-25，pp.28-29.
14) 近藤駿介（原子力委員会委員長，当時）：「福島第一原子力発電所の不測事態シナリオの素描」2011 年 3 月 25 日. https://www.ikata-tomeru.jp/wp-content/uploads/2015/02/koudai39gousyo.pdf
15) IAEA：Safety Series No.75-INSAG-3, *Basic Safety Principles*, 1988. https://www.nrc.gov/docs/ML0906/ML090650543.pdf
16) IAEA：Basic Safety Principles for Nuclear Power Plants

75-INSAG-3 Rev.1 INSAG-12.
https://www-pub.iaea.org/MTCD/Publications/PDF/P082_scr.pdf
日本語「原子力発電所における基本安全原則」1999 年.
http://www-pub.iaea.org/MTCD/publications/PDF/Pub1013e_web.pdf
日本原子力学会・標準委員会：技術レポート「原子力安全の基本的考え方について 第 I 編別冊 深層防護の考え方」2014 年 5 月.
http://www.aesj.or.jp/s/s-list/tr005anx-2013_op.pdf

17）伊方原発運転差止請求事件準備書面（54）（2015 年 10 月 15 日）.
http://www.ikata-tomeru.jp/wp-content/uploads/2012/01/jyunbishomn54.pdf

18）福岡核問題研究会：「原子力規制世界最高水準という虚言の批判」（2014 年 12 月 4 日）.
http://jsafukuoka.web.fc2.com/Nukes/resources/sekai1kyogen_hihan.pdf

19）原子力規制委員会：「実用発電用原子炉に係る新規制基準の考え方について」2022（令和 4）年 12 月 14 日最終改訂 pp.65-67.
https://www.nra.go.jp/data/000155788.pdf

20）脱原発弁護団全国連絡会：「『新規制基準の考え方』検討報告書〜原子力規制委員会の欺瞞〜」（2017 年 6 月 1 日）.
http://www.datsugenpatsu.org/bengodan/wp-uploads/2017/07/%E8%80%83%E3%81%88%E6%96%B9%E7%B5%B1%E5%90%88%E7%89%88ver14_0619-%E8%A8%82%E6%AD%A3-1.pdf

21）IAEA：Safety of Nuclear Power Plants: Design, Specific Safety Requirements No.SSR-2/1（Rev.1），Vienna, 2012.

https://www-pub.iaea.org/MTCD/Publications/PDF/Pub1715web-46541668.pdf

22）佐藤 暁：伊方原発運転差止請求事件甲第 157 号証 意見書（2014 年 6 月 20 日）.
https://www.ikata-tomeru.jp/wp-content/uploads/2012/01/satou157goushou.pdf

23）B. R. Sehgal: Nuclear Safety in Light Water Reactors: Severe Accident Phenomenology, Academic Press, 2012. pp.255-282.
ほぼ同じ内容が次の URL で閲覧可能.
https://inis.iaea.org/collection/NCLCollectionStore/_Public/41/021/41021806.pdf?r=1

24）館野 淳，山本雅彦，中西正之：『原発再稼働適合性審査を批判する―炉工学的安全性を中心として―』（本の泉社，2019）.

25）ジョレス・メドヴィジェフ：『チェルノブイリの遺産』（みすず書房，1992）pp.110-111.

26）上岡直見：『原発避難計画の検証―このままでは住民の安全は保障できない』（合同出版，2014）.

27）笠井 篤：「柏崎刈羽から考える安全審査 原発の集中立地に基準を」朝日新聞デジタル（2024 年 2 月 23 日）.

28）植田備三：「仏，原発事故の緊急対応チーム創設―日本も作るべき」（2015 年 6 月 29 日）.
https://www.gepr.org/contents/20150629-01/

29）長谷川公一：「想定を超えた災害だったので国に監督責任はない？―B.5.b 問題から福島第一原発事故をとらえなおす」（2024 年 12 月 17 日）.
https://www.ccnejapan.com/wp-content/20241217CCNE_Hasegawa.pdf

●特集● 原発のない社会づくりのための検証と展望

福島第一原発の汚染水問題と海洋放出の実態
——2024年末までの放出状況を踏まえて

柴崎直明

福島第一原発では,事故から14年が経過しても日々汚染水が発生し続けている.汚染水を処理した水も増え続けているため,国は2021年4月に「処理水」を海洋放出する方針を決定し,東電は2023年8月から海洋放出を強行した.海洋放出は2024年末までに計10回実施された.放出水にはトリチウム以外の放射性物質も含まれており,希釈する海水にはセシウム137が1Lあたり最大で1 Bq程度含まれている.

はじめに

2011年3月に発生した福島第一原子力発電所(以下,福島第一原発)事故から14年が経過した.事故直後の同年4月には高濃度の汚染水が海に流出し,東京電力(以下,東電)は告示濃度の約100倍の汚染水を海に放出したため,地元の漁業関係者からはもちろんのこと,国内・海外からも大きな反発が起こった.事故から2年後の2013年には汚染水問題が様々な形で顕在化し,大きな社会問題になった.2013年9月に日本政府(以下,国)の原子力災害対策本部が「東京電力(株)福島第一原子力発電所における汚染水問題に関する基本方針」を出し,汚染水対策について「東京電力任せにするのではなく,国が前面に出て,必要な対策を実行していく」とした.

国は基本方針の中で,汚染水問題の根本的な解決に向けて,3つの基本方針(①汚染源を「取り除く」,②汚染源に水を「近づけない」,③汚染水を「漏らさない」)を示した.汚染源に水を「近づけない」対策として,地下水バイパスや陸側遮水壁(凍土壁)などが設置された.しかし,それらの効果は限定的だったため,現在でも汚染水が日々発生し続けているのである.

筆者が代表を務める福島第一原発地質・地下水問題団体研究グループ(略称:原発団研)は,東電や国による福島第一原発敷地の地質や地下水の実態把握が不十分であると考え,2015年2月から研究を開始した.その結果,東電や国の地質・地下水調査は不十分であり,その実態を踏まえずに対策を実施したため,地下水バイパスの効果はほとんどなく,凍土壁の効果も限定的であることを明らかにした.さらに原発団研は,汚染水発生の原因となっ

●しばさき・なおあき●
1960年生まれ.信州大学理学部地質学科卒.大阪市立大学で博士(理学)取得.所属:福島大学共生システム理工学類.専門:水文地質学.福島県廃炉安全監視協議会専門委員.

キーワード:福島第一原子力発電所(Fukushima Daiichi Nuclear Power Plant),汚染水(contaminated water),海洋放出(ocean release),実態(actual situation)
著者連絡先:nshiba@sss.fukushima-u.ac.jp

ている原子炉・タービン建屋への地下水流入量を抜本的に削減するための対策として，広域遮水壁と集水井を提案した[1]．原発団研では，これらの研究成果や抜本的な対策案をわかりやすく解説した冊子を2022年に発行し[2]，さらに2024年には海洋放出の実態を踏まえて大幅に改訂した冊子を発行した[3]．

本稿では，2024年末までの海洋放出状況を踏まえて，海洋放出によるトリチウムおよびそれ以外の放射性物質の放出実態を整理し，「処理水」の海洋放出を不要にするためには汚染水発生量を抜本的に削減することが必要であることを再確認する．

1 最近の汚染水発生状況

（1）月別の汚染水発生量

東電は毎月開催される経済産業省の廃炉・汚染水・処理水対策チーム会合／事務局会議で，月ごとの汚染水発生量をグラフで公表している．それを筆者が数値化して整理したグラフを図1に示す．

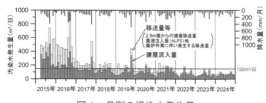

図1　月別の汚染水発生量

これによると，月別の汚染水発生量は2016年から2017年にかけて減少したが，2018年以降は下げ止まった状況が続いている．2022年から2024年は降水量が少なかったため，1日当たりの汚染水発生量の年間平均値は80〜90 m³/日となった．しかし月ごとの値をみると，国の中長期ロードマップに示された2020年までの目標値（=150 m³/日）を上回っている月がある．なお，2021年7月以降は汚染水発生量の約8割が地下水・雨水の建屋への流入量が占めており，降水量が ほとんどない月でも建屋流入量があることから，建屋へ流入している水の多くは地下水であることがわかる．

（2）週別の建屋への地下水・雨水流入量

図2に，東電がホームページで毎週公表している「建屋への地下水ドレン移送量・地下水流入量等の推移」をグラフにしたものを示す．

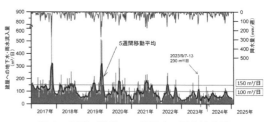

図2　週別の建屋への地下水・雨水流入量

週別の地下水・雨水の建屋流入量は降水量に応じて現在でも大きく変動しており，中長期ロードマップの2025年汚染水発生量の目標値である100 m³/日を超える週が2024年に入ってからもみられる．2023年9月7日〜13日には福島県浜通り地方で大雨が降り，この週の建屋流入量は230 m³/日に達した．このように，汚染水発生量の原因となっている建屋流入量は，現在でも十分にコントロールできていないことが明らかである．

なお，図2に示した建屋流入量は，2023年10月以降，マイナスの値を示すことがある．2024年1月〜2月には，隔週でマイナス値を示した．この原因を東電に問い合わせたところ，「測定の誤差である」との返答があった．しかし，基本となる建屋流入量のデータにこのような測定誤差があることは許容できるものではない．東電は基本的なモニタリングデータの信頼度を高めるべきである．

2 「処理水」海洋放出の実態

（1）強行された海洋放出

2023年8月22日，政府は関係閣僚会議を

開き，2 日後の 24 日から「処理水」の海洋放出開始を決定した．2023 年度の放出計画を東電が公表したのは，放出前日の 23 日であった．そして 24 日に，東電は風評被害を懸念する漁業関係者や地元住民・国民の反対を押し切って海洋放出を強行した．

(2) 2023 年度の海洋放出

「処理水」の海洋放出は 2023 年度に 4 回実施された．それにより計 3 万 1145 m³ の「処理水」が放出され，放出されたトリチウムの総量は約 4.5 兆 Bq となった[4]．毎回約 7800 m³ の「処理水」が 18 日間かけて放出された．「処理水」は，5・6 号機東側にある港湾内から取水した海水で約 800 倍に希釈され，長さ約 1 km の放水トンネルを通じて外洋に放出された．

(3) 2023 年度に放出された放射性物質

東電によると，2023 年度の海洋放出によるトリチウム以外の放射性物質でもっとも多く放出されたのは炭素 14 で 4 億 3000 万 Bq であった．このほか，表 1 に示すように，1000 万 Bq を超えたのは，ヨウ素 129（6400 万 Bq），テクネチウム 99（3200 万 Bq），セシウム 137（1400 万 Bq）であった[5]．

(4) 2024 年度の海洋放出

東電によると，2024 年度には「処理水」の海洋放出が計 7 回行われることになっている．このうち，2024 年 4 月から 11 月にかけて，6 回の放出が実施された[6]．2024 年度も

毎回約 7800 m³ の「処理水」が 18 日間かけて放出されている．1 回目から 6 回目までの「処理水」の放出量は 4 万 7140 m³ であり，放出されたトリチウムの総量は約 10.3 兆 Bq となった[6]．海水による希釈前の「処理水」のトリチウム濃度は，1 〜 3 回目までは 17 万〜 19 万 Bq/L であったが，4 回目以降は 20 万 Bq/L を上回るようになり，6 回目の放出では 31 万 Bq/L となった[6]．6 回目の「処理水」のトリチウム濃度は，2023 年度 1 〜 4 回目までの濃度（13 万〜 17 万 Bq/L）[4] の約 2 倍になっているのである．

これに伴い，希釈後のトリチウム濃度は，2024 年度 1 回目では最大 266 Bq/L だったが，6 回目には最大 436 Bq/L に上昇した．また，放出回ごとのトリチウム放出総量は，2024 年度 1 回目の約 1.5 兆 Bq から 6 回目の約 2.4 兆 Bq へと増加している[6]．

東電の海域モニタリング結果（迅速測定結果，発電所から 3 km 以内）[4,6] を見ても，2023 年度に最大 10 〜 22 Bq/L だった海水のトリチウム濃度は，2024 年度には 5 回目放出時に最大 33 Bq/L，6 回目放出時に最大 48 Bq/L へと上昇している．東電は，「海域モニタリングにおける発電所から 3 km 以内のトリチウム濃度は，運用上の指標（放出停止判断レベル：700 Bq/L）を大きく下回る結果となっている」と評価しているが，東電の計画では今後放出する「処理水」のトリチウム濃度は高くなっていくので，モニタリング結果を一層注視していく必要がある．

(5) 2024 年度に放出された放射性物質

本稿執筆時点で，2024 年 7 回目の放出はまだ始まっていない．そのため，2024 年度全体の放出された放射性物質量を算出することはできないが，2024 年度 1 〜 6 回目までの各回の「放射能総量」は，経済産業省 HP の「廃炉・汚染水・処理水対策チーム会合／

表 1　2023 年度に放出されたトリチウム以外の放射性物質[3,5]

放射性核種		半減期	2023 年度放出 放射能総量（Bq）
記号	名称		
C-14	炭素14	5,730年	4億3000万
Co-60	コバルト60	5.27年	980万
Sr-90	ストロンチウム90	28.79年	590万
Y-90	イットリウム90	64.1時間	590万
Tc-99	テクネチウム99	211,100年	3200万
Sb-125	アンチモン125	2.76年	220万
Te-125m	テルル125m	57.4日	80万
I-129	ヨウ素129	15,700,000年	6400万
Cs-137	セシウム137	30.17年	1400万

表2 2024年度（1〜6回）に放出されたトリチウム以外の放射性物質[3,7]

放射性核種		半減期	2024年度(1〜6回)放出
記号	名称		放射能総量(Bq)
C-14	炭素14	5,730年	5億8300万
Co-60	コバルト60	5.27年	1640万
Sr-90	ストロンチウム90	28.79年	3470万
Y-90	イットリウム90	64.1時間	3480万
Tc-99	テクネチウム99	211,100年	4418万
Sb-125	アンチモン125	2.76年	776万
Te-125m	テルル125m	57.4日	292万
I-129	ヨウ素129	15,700,000年	3706万
Cs-137	セシウム137	30.17年	1030万

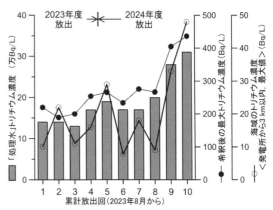

図3 放出回ごとのトリチウム濃度の変化

事務局会議」のページで公開されている．ここでは，上記会合で東電が公表した資料[7]をもとに，2024年度1〜6回目までの放出による放射性物質量をとりまとめた（表2）．

それによると，2024年度1〜6回目の海洋放出によるトリチウム以外の放射性物質でもっとも多く放出されたのは炭素14で5億8300万Bqであった．このほか，表2に示すように，3000万Bqを超えたのは，テクネチウム99（4418万Bq），ヨウ素129（3706万Bq），イットリウム90（3480万Bq），ストロンチウム90（3470万Bq）であった[7]．

2023年度の放出量と比較すると，炭素14の割合が76.4%から75.6%，ヨウ素129の割合が11.4%から4.8%，セシウム137の割合が2.5%から1.3%に減少した．一方で，テクネチウム99の割合は5.7%と変わらず，ストロンチウム90とイットリウム90の割合は，それぞれ1.0%から4.5%に増加した．

(6) 第1〜10回目までの放出の特徴

2023年8月から強行された「処理水」の海洋放出は，2024年11月までに計10回実施された．東電によると，放出開始からの累計処理水放出量は7万8285 m³，放出開始からの累計放出トリチウム総量は約14.8兆Bqとなった．東電は累計値でも年間放出基準（トリチウム総量で22兆Bq，事故前の福島第一原発の環境へ排出される気体および液体廃棄物中の放射性物質の放出管理値）を上回っていないとするが，そもそもこの「年間放出基準」は環境への影響などの科学的根拠に基づき設定されたわけではない．

図3には，東電公表資料[4,6]に基づく「処理水」放出回ごとのトリチウム濃度の変化を示す．「処理水」のトリチウム濃度は，累計8回目（2024年度4回目）以降は20万Bq/Lを上回るようになり，6回目の放出では31万Bq/Lと急激に上昇している．これに連動して，海水で希釈後の最大トリチウム濃度も上昇している．海域（発電所から3 km以内）での最大トリチウム濃度も，累計8回目（2024年度4回目）以降に大きく上昇した．なお，累計5回目（2024年度1回目）の海域（発電所から3 km以内）最大トリチウム濃度は29 Bq/Lまで上昇し，「処理水」トリチウム濃度や希釈後最大トリチウム濃度の上昇率よりも大きい．これは放水トンネルから出た後の希釈程度の違いを表している可能性を示すとともに，海域モニタリングの密度や海水サンプル採取位置・深度により結果が変わってくるとも想定されるので，モニタリング体制についてさらなる拡充を検討していく必要があろう．

いずれにせよ，「処理水」トリチウム濃度や希釈後の最大トリチウム濃度が増加すれば，海域でのトリチウム濃度が増加すること

表3 第1～10回目までに放出されたトリチウム以外の放射性物質[5,7]

放射性核種		半減期	第1～10回放出
記号	名称		放射能総量（Bq）
C-14	炭素14	5,730年	10億1300万
Co-60	コバルト60	5.27年	2620万
Sr-90	ストロンチウム90	28.79年	4060万
Y-90	イットリウム90	64.1時間	4070万
Tc-99	テクネチウム99	211,100年	7618万
Sb-125	アンチモン125	2.76年	996万
Te-125m	テルル125m	57.4日	372万
I-129	ヨウ素129	15,700,000年	1億0106万Bq
Cs-137	セシウム137	30.17年	2430万Bq

は明白であるので，今後の海洋放出の動向とモニタリング結果を注視しなければならない．

表3には，東電公表資料[5,7]に基づいてとりまとめた，第1～10回目までの放出による，トリチウム以外の放射性物質ごとの放出総量を示す．多い順に炭素14（10億1300万Bq），ヨウ素129（1億106万Bq），テクネチウム99（7618万Bq）となっている．これらの放射性物質の半減期はトリチウムの半減期（約12.3年）と比較して極めて長い特徴があり，海洋放出後，長期にわたり環境に影響を及ぼすことが懸念される．

(7) 希釈する海水の問題

東電[7]によると，図4に示すように「処理水」を希釈する海水中にもセシウム137が1Lあたり最大で1Bq程度含まれている．2023年度の放出時のセシウム137濃度（0.25～0.6 Bq/L）と希釈海水放出量（1時間あたり1万5000 m³）から推計すると，希釈水の

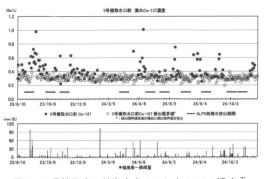

図4 5号機取水口前海水中のセシウム137濃度[7]

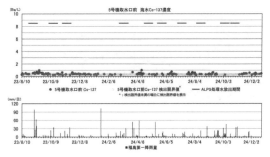

図5 縦軸が変更された5号機取水口前海水中のセシウム137濃度グラフ[8]

放出によるセシウム137の放出量は2023年度だけで100億Bqに達する可能性がある．これは，2023年度に放出された「処理水」中に含まれていたセシウム137の量（1400万Bq）よりもはるかに大きな値である．

なお，経済産業省の「廃炉・汚染水・処理水対策チーム会合／事務局会議」において，東電は第132回会議（2024年11月28日開催）資料までは，図4のように，5号機取水口前海水中のセシウム137濃度のグラフの縦軸が0.0 Bq/Lから1.2 Bq/Lの範囲で表示していた．ところが，第133回会議（2024年12月26日開催）資料[8]からは，図5のようにグラフの縦軸が0 Bq/Lから10 Bq/Lの範囲に変更され，セシウム137濃度の変動が読みづらくなった．グラフを見るとセシウム137濃度が2～10 Bq/Lの範囲にプロットされることはなく，グラフの縦軸の変更は不要なはずである．あたかも5号機取水口前海水中のセシウム137濃度が低いように見せかけるグラフ表示の変更は，問題を矮小化する東電の体質が変わっていないことを示すものである．

3 一層注目される地下水流入量削減対策

海洋放出開始後も，原発団研が提案した抜本的な汚染水対策（広域遮水壁と集水井による建屋への地下水流入量の抜本的な削減策）が注目されている．各地で開催された汚染水

関係の講演会や学習会では，原発団研メンバーが講師を務め，原発団研の提案を具体的に紹介している．原発団研では2024年2月にこれまでの講演会・学習会等で出された質問に対する回答を検討する打合せ会を開催し，汚染水発生量（＝地下水流入量）を抜本的に削減する必要性の再確認を行った．

　それをもとに，改訂した地団研ブックレット18[3]では，抜本的な汚染水削減対策をさらにわかりやすく解説するとともに，東電が示した「広域遮水壁評価」[10]への原発団研の反論についても丁寧に解説している．

　一方，東電は2024年に入ってから，「中長期的な汚染水対策の全体系について」などの資料を公表している[11]．それによると，今後は1〜4号建屋において，①地下水対策，②雨対策による建屋流入抑制対策，③2.5m盤対策を実施するとしており，地下水対策については建屋止水（局所止水）による建屋流入抑制だけを掲げている．2022年時点では局所止水だけではなく，段階的に建屋外壁全面止水や広域遮水壁も検討するとしていたのに対して，明らかに後退している．さらに，「サブドレン，凍土壁に依らない極力パッシブ（管理リソースの軽減）な対策による管理を目指す」などと記述し，積極的に汚染水発生量を削減しようとする姿勢が見られない．

　東電による汚染水発生量の抑制目標（＝自社目標）は2028年度末までに50〜70 m³/日を目指すとなっており[11]，海洋放出を前提に今後も相当な量の汚染水発生を容認する方針となっている．

おわりに

　海洋放出開始後，東電には積極的に汚染水発生量を削減しようとする姿勢が見られない．今こそ，より積極的に汚染水発生量を抜本的に削減する地下水対策が求められる．それにより「処理水」の海洋放出が不要になり，廃炉作業をより確実に進めることが期待される．

謝辞：原発団研のメンバーには，日頃から調査・研究・討論で大変お世話になっている．記して感謝申し上げます．

注および引用文献（URL最終閲覧日：2025年2月9日）
1) 福島第一原発地質・地下水問題団体研究グループ：『福島第一原子力発電所の地質・地下水問題―原発事故後10年の現状と課題―』地団研専報61（地学団体研究会，2021）p.228.
2) 福島第一原発地質・地下水問題団体研究グループ：『福島第一原発の汚染水はなぜ増え続けるのか―地質・地下水からみた汚染水の発生と削減対策―』地団研ブックレットシリーズ16（地学団体研究会，2022）p.43.
3) 福島第一原発地質・地下水問題団体研究グループ：『福島第一原発の汚染水発生量を抜本的に減らす対策―海洋放出開始後の実態を踏まえて―』地団研ブックレットシリーズ18（地学団体研究会，2024）p.47.
4) 東京電力：「2023年度の放出実績」『処理水ポータルサイト』https://www.tepco.co.jp/decommission/progress/watertreatment/performance_of_discharges/2023/
5) 東京電力：「ALPS処理水海洋放出の状況について」（経産省廃炉・汚染水・処理水対策チーム会合／事務局会議第126回，2024）https://www.meti.go.jp/earthquake/nuclear/decommissioning/committee/osensuitaisakuteam/2024/05/05/3-1-2.pdf
6) 東京電力：「放出実績」『処理水ポータルサイト』https://www.tepco.co.jp/decommission/progress/watertreatment/performance_of_discharges/
7) 東京電力：「ALPS処理水海洋放出の状況について」（経産省廃炉・汚染水・処理水対策チーム会合／事務局会議　第126〜132回，2024）https://www.meti.go.jp/earthquake/nuclear/decommissioning_team_archive.html
8) 東京電力：「ALPS処理水海洋放出の状況について」（経産省廃炉・汚染水・処理水対策チーム会合／事務局会議第133回，2024）https://www.meti.go.jp/earthquake/nuclear/decommissioning/committee/osensuitaisakuteam/2024/12/12/3-1-2.pdf
9) 東京電力：「ALPS処理水海洋放出の状況について」（経産省廃炉・汚染水・処理水対策チーム会合／事務局会議第134回，2025）https://www.meti.go.jp/earthquake/nuclear/decommissioning/committee/osensuitaisakuteam/2025/01/01/3-1-3.pdf
10) 東京電力：「【参考】広域遮水壁について」（汚染水処理対策委員会　第26回資料2，2022）https://www.meti.go.jp/earthquake/nuclear/osensuitaisaku/committtee/osensuisyori/2022/26_04.pdf
11) 東京電力：「汚染水抑制対策の現況について」（汚染水処理対策委員会　第27回資料2，2024）https://www.meti.go.jp/earthquake/nuclear/osensuitaisaku/committtee/osensuisyori/2024/27_04rr.pdf

「原発廃止 是か非か」
─ F 高等学校生徒との討論

山本富士夫

1 はじめに─背景と目的

(1) 背景

昨年（2024年）6月20日に私は福井県立F高等学校に招待され、「SSH研究クラブ国際教養部」の生徒（男女約50人）とクラブ顧問教員2人に対して30分間の講演を行い、つづいて生徒たちと90分間の討論を行った。なお、同クラブは英語ディベート全国大会入賞の常連であり、世界大会でも金メダルを獲得している。本校は、これまで文部科学省から「スーパーサイエンスハイスクール（SSH）事業」の指定を3度受けている。

私に依頼されたテーマは、「原発廃止 是か否か」であり、私は脱原発科学者として情報提供を行った。私の講演の前に、同クラブの生徒たちは、原子力発電所（原発）を推進する福井県議会議員の講演を聞いている。生徒たちは、2人の講演を踏まえて、半年後の12月に開催される英語ディベート全国大会に臨んでいる。結果は7位入賞と聞いた。すごい！

講演冒頭で、私が原発廃止の立場で50年余りの間、科学者運動をしてきたと切り出した。また、情報を自分の目と耳で確かめることが大切だと、力説した。

(2) 基礎的知識

原発は、核エネルギー → 熱エネルギー → 運動エネルギー → 電気エネルギーに変換するシステムの発電所の一つである。原発は、英語では Nuclear Power Plant=NPP である。

原発が東京電力福島第一発電所事故（1F事故、2011年）やチェルノブイリ原発事故（Cher事故、1986年）のような重大事故（本特集号の著者によっては、過酷事故という）を起こすと、放射線によって人間の「いのちとくらし」および環境が破壊される恐れがある。

テーマにある「原発廃止」とはすべての原発の運転停止を指す。ドイツは、2023年4月に倫理的な理由で全3原発を停止した。

本稿では、私の講演と生徒たちとのやりとりをまとめ、脱原発の科学的根拠を示す。

2 脱原発への導入知識

(1) 原発と原爆の関係

核エネルギーを利用する原爆は、1945年8月に広島と長崎で使われた。原爆による放射線・熱線・衝撃波は強烈で、都市を破壊し、多数の人びとを死傷させた。核エネルギーは、アインシュタインによって導かれた $E = mc^2$（m：質量、c：真空中の光の速度 = 約30万km/s）の式で表される。エネルギー E は光速 c の2乗に比例するので、核燃料の小さい質量欠損でも莫大なエネルギー E が得られる。

原発は、アメリカ合衆国大統領 D.D. アイゼンハワーが1953年12月に第8回国連総会で行った演説 "Atoms for Peace" に基づいて平和的民生利用として広く普及した。原爆と原発における核エネルギーの発生量は、ともにアインシュタインの式で計算される。

原発の核燃料は，その製造過程や使用済みの再処理過程において，高濃縮ウランやプルトニウムを抽出すれば原子爆弾への転用が可能であるとして，IAEA（国際原子力機関）は世界のどの原発をも査察を行なっている．原発と原爆は，核分裂連鎖反応を用いるという共通点があるが，ウラン（U235）の濃縮度が，原発では低濃縮（約4％），原爆では高濃縮（90％以上）であることと，エネルギー発生時間：原発では年単位で原爆では百万分の1秒程度という違いがある．

核燃料は，原爆では兵器用に，原発では発電用に使用される．原発が重大事故を起こせば，人びとは，放射線被ばくによる大きな危険性にさらされる．

（2）原発の仕組みと放射線の問題

講演では，原発の仕組みを図解した．発電所の基本要素としての蒸気発生装置は，原発では核エネルギーを利用する原子炉であり，火力発電所（火発）ではボイラーである．残りの基本要素である蒸気タービン，復水器，給水ポンプ，発電機は原発も火発も基本的に同じである．

原発では，核燃料の製造，燃焼，核のごみにおける放射線の環境への影響と生命体への影響の問題が極めて深刻である．原爆による放射線被ばくは，初期放射線被ばくと放射性降下物による被ばくから成る．原発で重大事故が起これば，放射性物質の大量環境放出による被ばくをもたらす．1F事故やCher事故などの重大事故に見られる通り，放射性微粒子が体内に取り込まれると，がんによる死傷を起こす原因となる．一方，火発では，化石燃料の燃焼に伴う大気汚染と地球温室効果ガスの放出が重大問題である．

3　生徒からの質問と回答

（1）原発事故について

質問：放射線被ばくからがんはありうるのか
（質問文は生徒から原文のまま．以下同様）
回答：あり得る．宗川吉汪（よしひろ）は，その著書『福島甲状腺がんの被ばく発症』（文理閣）で，1F事故以前と以後における住民健康調査データの数学統計解析を行って，事故後に住民の甲状腺がん発症が有意に増加し，原発事故が原因であることを明らかにした．この数学解析には，政治的・経済的な恣意的な介入はなく，学術的な普遍性がある．
（補足）Cher事故では，ソ連は，消防士や原発職員ら31人が24時間以内に死亡した．しかし，ヤブロコフ博士らは「ソ連は，被害（がん死者数など）を過小報告した」と報告した．ヤブロコフ博士著『調査報告　チェルノブイリ被害の全貌』（岩波書店，2013年）によれば，大惨事から27年，北半球全域を覆った放射物質による死者数（がんの死者数を含む）は約百万にのぼり，数百万人の労働者や市民が被ばくし，その環境被害は今も進行中であると述べている．私は，対面でヤブロコフ博士の講演を聴き，大変驚いた．

質問：地震で原発が壊れるプロセスはどのようなものか
回答：1F事故で1号機〜3号機が壊れたプロセスは，次の通りである．

東北地方太平洋沖地震によって，1Fへの発電所の外部にある送電塔が倒壊し，送電が停止した．すぐに非常用発電機が起動し送電を開始したが，大津波が1F敷地に上陸し，海水が非常用発電機室に入り，発電機が機能不全となった．そのため，ポンプを動かす電動機（モーター）が停止し，原子炉の冷却材（軽水 H_2O）の循環流が止まり，炉内の水が急速に沸騰を加速し，水の圧力と温度が急上

昇し始めた．炉内温度が900℃超えた後，炉内で燃料棒に使われているジルコニウムが水と化学反応し，大量の水素ガスが発生した．

原子炉から漏れ出た水素ガスが，周囲の空気と混合し，爆発的に燃焼する．その火炎面は超音速の衝撃波とともに移動する．この現象はデトーネーション（爆轟）といわれる．その爆風は圧力が高く，原子炉建屋の屋根を吹き飛ばした．屋内の構造物は，大気に露出した．なお，火薬による爆発は，衝撃波の破面では火炎面を伴っていないので，爆轟とはメカニズムが違う．

冷却ができなくなった原子炉内では，燃料棒が溶けて崩れ落ち，炉の底は溶融し貫通穴ができた．いわゆる，メルトダウンとメルトスルーが起きた．

質問：事故が起こるとどのくらいの人に影響があるのか

回答：国は，1F事故が起きた後，被ばくと防災のために住民に直ちに避難するように命じた．福島県における災害関連死者として，2335人が認定されている（朝日新聞，2023年）．被ばく線量ごとの死者数と障害者数等の詳細のデータについては，私は調べきれていない．なお，国の被ばく避難命令を受けた原発立地の住民は，地震により倒壊した建物とともに住民8,000人以上が津波に流されたのを目の当たりにしながら逃げた．犠牲者だけでなく住民たちの無念のほどは，想像を絶する．地震と津波という自然災害と原発事故が複合したため，被害の質も量も想定外となる影響が出た．

質問：そもそも原発の事故の何が最も恐ろしいのか

回答：放射線（α線，β線，γ線など）による被ばくが最も恐ろしい．放射線のエネルギー密度は極めて高いため，生命体の細胞やDNAを破壊するとされてきた．低線量被ば

くの場合でも後でがんが発症し，脳や消化器など心身に異常を起こすとされている．原爆の被災者たちは放射線被ばく障害に苦しんでいる．現在のところ，遺伝的影響がないという証拠は得られていないようである．原発の重大事故では大量の放射性物質が環境に放出され，生命体から生命を奪い，生命体に重大な損傷を与える．だから，原発は恐ろしい．

また，原発は，金権政治や社会に嘘・隠蔽・捏造や差別の社会構造も作り出してきた．原発は，実に恐ろしく邪悪なるものである．

(2) 核廃棄物について

質問：核のゴミ自体に危険性はあるのか

回答：いわゆる核のごみ（高レベルの放射性廃棄物）は，核兵器並みの放射能を持つので危険である．原発の敷地内には，使用済み燃料が溜まり続けている．現在，核のごみを処理処分する技術も場所も確立されていない．

低レベル放射性廃棄物のうち，年間0.01mSv（自然放射線レベルの約1/100：原子力規制委員会「クリアランス制度」）以下の廃棄物は，産業廃棄物とされ道路や埋立てに利用してもよいとされている．実際には高コストのため，原発敷地内に保管されている．

質問：最終処分場について，今後あると想定される問題はなにか

回答：核のごみの最終処分場について，国は，中間貯蔵の絵を描いているが，最終処分については何も決めていない．

日本の原発の多くでは，敷地内が核のごみで満杯になれば，(a)原発の運転を永久停止する（原発廃止）を選択するか，あるいは，(b)原発敷地外のどこかで核のごみを処分するかの選択に迫られる．

(b)の場合，核のごみの最終処分地を受け入れる自治体はどこも名乗り出ないだろう．立候補自治体が出現すれば，国は迷惑料としての高額の交付金をそのような自治体に払う

ことになる．交付金の出所は，国民が支払う税金や電気料金の上乗せである．

国民は（a）か（b）かの選択を迫られるが，国は，国民が決断できるだけの情報を，核テロの警戒を理由として，公開しようとしない．

（3）電力について（原発と代替手段について）

質問：原発でつくった電力は高いのか

回答：国は，原発コストは安いという．しかし，代替手段である再エネ（風力や太陽光などの自然エネルギー）は，燃料費がかからず最終処分の費用も小さいので，その発電コストもはるかに安い．

原発では，使用済み燃料の後始末の経費を数百・数千年後まで計算すれば，膨大なコストとなる．政府はこの計算を避け，当面の処理費用しか見込んでいない．ごまかしだ．

質問：原発を無くした後どうやってエネルギーを賄うのか

回答：日本の原発は，1F事故の後，2012年7月の大飯原発再稼働まで1基も運転されなかったが，その間全国のどこにおいても停電しなかった．節電・省エネがすすめられ，火力発電所と水力発電所の稼働があった．

日本では，従来の水力のほかに，風力と太陽光発電を増補すれば，電力は足りる．省エネ社会構造の設計・実現が重要である．

質問：原発の代替とその実用性の是非

回答：原発廃止後の電力は，再エネと省エネを進めれば，電力不足は起こらない．

原発を停止したドイツでは，電力に余剰が出れば火力発電所を停止し，再エネ依存の政策を実行している．ところが，日本では，ドイツとは反対に再エネの買取りを制限し，原発の運転を増やそうとしている．その理由は，原発は地球温暖化ガスを出さないからだというが，それ以上に，核のごみによる放射性環境汚染の方がはるかに恐ろしい．

（4）地方財政について（お金について）

質問：交付金を失ったら地方財政はどうなるのか

回答：原発交付金にどっぷり依存している原発立地の自治体（福井県や市や町）は，交付金を失ったら財政は破綻し，原発交付金が麻薬効果をもたらしていることも明らかである．自治体の知事，首長，議員たちも交付金を獲得すれば，手柄だと思っている．おかしい．

4　生徒との自由討論の総括

2人のクラブ顧問教員は，生徒たちに愛情を持って接し，彼らの積極的自主活動を支援していた．生徒たちによって尊敬されている様子に私は感動した．

生徒からの質問は，途切れることなく続いた．彼らは，150年を超える伝統のあるF高校の生徒として，原発問題に限らず，将来の科学と技術，研究と教育，ひいては，政治を担う意気込みを感じさせてくれた．

5　むすび

私は，原発の危険性は，システムの構造的破壊によって放出される放射線の被ばくにあると述べた．核のごみをこれ以上増やさないためにも，危険な原発は廃止するしかない．

（やまもと・ふじお：福井支部，流体力学）

論文 P A P E R

原発再稼働先行地域の電力需給バランスに学ぶ
―泊原発再稼働は北海道の自然エネルギー電力にどう影響するか

山形　定

代表的な温室効果ガスであるCO_2排出量を削減するために脱化石燃料の取り組みが世界中で進んでいる．太陽光発電などの自然エネルギー電力はその代表例であるが，日本ではグリーントランスフォーメーション（GX），「ゼロカーボン」をスローガンに原子力発電の再稼働も合わせて進められている．公開されている電力需給実績データを基に原発再稼働が自然エネ電力普及を抑制することを検証し，北海道の今後を考える．

はじめに

化石燃料（石炭・石油・天然ガス）由来の温室効果ガスCO_2排出量を削減し，植物などの光合成によるCO_2吸収を同量にして大気中CO_2濃度増を止める"net zero carbon dioxide"は，"Net Zero"と略されるのが一般的である．しかし，日本では「ゼロカーボン」と略し，これに原子力発電（以下，原発）推進策を含めて国策が進められている．

2023年4月に脱原発を実現したドイツでは，1986年のチェルノブイリ原発事故以後に脱原発世論が高揚し，原発廃止が具体的政策課題として取り上げられた．そして，2011年の東京電力福島第一原子力発電所での過酷事故（severe accident，原子力規制委員会の新規制基準では重大事故と表現されている）を受け発足したドイツ脱原発倫理委員会は10年以内の全原発停止を提言した[1]．一方，事故の当事国，日本では事故後に脱原発世論が支配的になった時期があったものの，国の基本方針を定めるエネルギー基本計画に脱原発は明記されることなく，「原発依存度については…可能な限り低減させる」[2]という表現にとどまった．

日本では過酷事故以後の一時期，国内の原発全てが停止し，その後も原発稼働率が低く推移した結果，石炭火力発電所への依存率が高まったためCO_2排出量が一旦増加した．その削減策として日本政府は，自然エネルギー電力への本格的転換の道は取らず，原発回帰策を取った．2022年12月に岸田内閣が決定したグリーントランスフォーメーション（GX）基本方針，2023年に成立したGX束ね法の一つとして改定された原子力基本法では，政府が原発を最大限活用するだけでなく，次世代革新炉の開発などを含め国が責任を持って原子力政策を推進するとしている．まさに10年で原発過酷事故の経験を忘れ去り，過去の原発政策に完全復帰している．

原発再稼働は処分法の決まっていない放射性廃棄物を不可避的に増やし続けるだけでなく，太陽光発電などを「出力制御」と称して強制停止させている[3]．ここでは，電力需給

キーワード：ゼロカーボン（zero carbon），電力需給実績データ（actual data of electricity supply-demand），
　　　　　　優先給電ルール（priority power supply rule），出力制御（power output control），
　　　　　　連系線（interconnection line）
著者連絡先：yamagata@eng.hokudai.ac.jp

実績データを用い，北海道で泊原発が再稼働した時に起こりうることについて考察する．

1 電力需給実績データ公開と「見える化」

電力自由化に伴って作られた経済産業省の認可法人広域的電力運用推進機構（OCCTO）は「広域連系系統の利用に資する情報を公表する」との業務規程に従い，各電力会社に電力需給実績を公表させている[4]．各電力会社は，2016年4月からそれぞれのエリア内における時間毎（1時間あるいは30分）の供給電力量を，原子力・火力・水力・地熱・バイオマス・太陽光・風力・揚水・連系線（隣接エリアとの送受電）の種別に公表している．

図1は北海道電力（以下，北電）が公開した北海道エリアの2021年6月6日の電力需給実績データをグラフ化したものである．この日，北海道エリアでは水力，太陽光などの自然エネルギー電力が初めて需要全体を賄う量に達する時間帯が出現した．

グラフのマイナス部分はエリア内の需要以外に使われた電力で，エリア内の揚水発電所汲み上げ用電力，北海道と本州との間を結ぶ送電線（北本連系線）で本州に送られた電力の2つが該当する．

揚水発電所は2つの貯水池を持ち，電力が余る時には下池から上池に水を汲み上げる．需要が増え発電が必要になると上池から下池に水を落として発電し，その水は下池に貯められる．図1の8時から14時までは電力を使って上池に水を汲み上げているためマイナス側に「揚水」が現れている．一方，15時以降にはプラス側に「揚水」が現れ，発電していることがわかる．午前中のプラス側は，前日までに上池に蓄えられた水による発電である．揚水発電は元来，原発の夜間余剰電力を蓄えるために作られたが，現在では自然エネルギーの需給バランスのためにも使われている．

マイナス側に現れるもう1つの要素「連系線」は道外で消費されるため揚水発電のような蓄電のはたらきはない．この日は本州から北海道への送電がないためプラス側に連系線は現れていない．

日中，太陽光発電量が増大し，10時から12時までは，火力発電所の発電量以上の電力が揚水発電所の汲み上げおよび連系線経由の送電に使われている．火力発電所は稼働しているものの，そこでの発電量以上の電力がエリア内の実需要以外に使われている．したがって，この時間帯は実質的に自然エネルギー電力のみで北海道エリアの電力需要全てを賄っていたとみなすことができる．この時間帯に火力発電所を停止させないのは，電力需給バランスをとるために，短時間で出力を変更できる火力発電の調整能力が必要なためである．この調整力を維持しながら化石燃料の使用を止めるためには，火力発電用燃料をバイオガスや木質バイオマスなどの自然エネルギー資源に転換することが必要である．また，調整力として系統に大型蓄電池を導入する必要性もあるだろう[5]．

北海道では2021年以降も自然エネルギー電力の普及が進み，2024年5月3日には時間当たりの自給率123.1%を記録した．年間

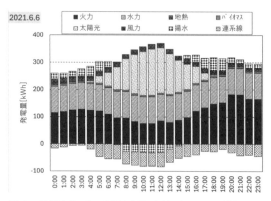

図1 公開されている電力需給実績データから作図した2021年6月6日の北海道エリア需給バランス

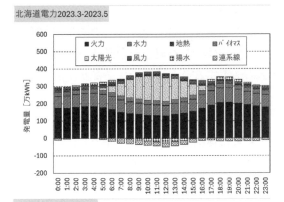
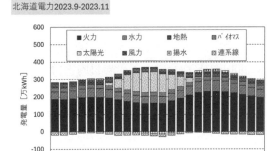
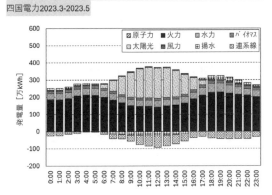
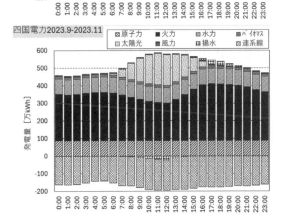

図2 2023年3～5月の平均日内需給バランス
上：北海道電力，下：四国電力

図3 2023年9～11月の平均日内需給バランス
上：北海道電力，下：四国電力

の電力需要に対する自然エネルギーの割合も2023年度に41.1%に達している．

北海道では，唯一の原子力発電所である泊発電所が2012年5月に停止して以降，原発ゼロ状態が続いている．しかし，北電は泊原発3号機の再稼働を「技術的に確立した脱炭素電源としてカーボンニュートラルの実現に向けて最大限貢献する重要な基幹電源」と位置づけ，「早期再稼働の実現に向けて…総力を挙げて対応」するとしている[6]．自然エネルギー電力の年間シェアが40%に達している北海道における原発再稼働は，化石燃料使用量のさらなる削減には貢献しない．これは，原発が一定出力でしか運転できないため，需要が減って電力が余る場合には原発よりも先に太陽光発電や風力発電を停止する「優先給電ルール」[7]があるからである．このルールに基づき自然エネルギー電力の強制停止量

が増えれば，原発再稼働が自然エネルギー電力普及を抑制することになる．

北海道で泊原発が再稼働した時にどのようなことが起こりうるかを考えるために，既に伊方原発が再稼働している上，エリア規模が北海道と類似した四国エリアの需給バランス[5]を比較検討する．

2 原発再稼働の電力需給への影響

(1) 四国・伊方原発再稼働の影響

北電エリアと四国電力（以下，四電）エリアは電力需要量がほぼ同じである．四電で稼働している原発は2018年に再稼働した伊方原発3号機のみであり，定期検査時にこれが停止すると原発ゼロ状態となって，稼働時との差が明瞭に出る．北電が当面再稼働を計画しているのも泊3号機のみであり，再稼働後の状況は四電エリアと類似すると想定され

る.

図2は北電，四電いずれも原発が稼働していない2023年3月1日から5月26日までの時間毎の平均を取った平均日内需給バランスである．両エリアは以下の点で類似している．①発電量の最大は日中で400万kWh程度，②日中に太陽光発電量が増加し，揚水発電所の電力需要（マイナス値）が増える，③日中に火力発電の割合が減る，④日中を中心に連系線により域外に送電している．

図3は四国電力の伊方原発3号機が稼働している期間（2023年9〜11月）の両エリアの平均日内需給バランスである．

北電の発電量は3-5月と大きく変わっていないのに対し，四電の発電量は日中の最大値が600万kWh近くに大きく増加している．同時に系統線を通じた送電量が200万kWh程度に激増（マイナス側）している．終日，伊方原発3号機の出力89万kW以上の電力が連系線でエリア外に送電されており，四電が他エリアの電力需要のために伊方原発を稼働していたことがわかる．

四電では原発以外に火力発電の発電量も，原発を稼働させていない3〜5月よりも多くなっている．これは，原発稼働時には，地震などで原発が緊急停止した時のバックアップとして相当する規模の火力発電所を稼働しているためである．

四電の伊方原発が発電量全量を他エリアに供給できるのは，隣接する中国電力（以下，中国電）および関西電力（以下，関電）との間に大容量の送電線があるためである．四電は，大容量の送電線で中国電・関電と電力を融通し合うことができ，3つの電力会社エリアは，ほぼ一体化して電力需給バランスを維持していると言える．

四電が隣接エリアと一体化運用が可能な程に大容量の送電線で繋がっているのに対し，

同規模の北電が連系線で繋がっているのは東北電力（以下，東北電）のみである．北電の泊原発が稼働した場合，余剰電力を隣接エリアに送電することは可能であるが，連系先が1つで，送電線容量も四電の260万kWに対し90万kWと小さい[8]．このため，北電が原発を再稼働し余剰電力が発生した場合，出力制御の可能性は四電よりも高くなると考えられる．

（2）隣接複数エリアでの原発再稼働の影響

東日本大震災後の原発再稼働は，2015年九州電力（以下，九電）の川内原発から始まった．図4は2014年度以降の四電，関電，九電の原発発電量と原発発電量シェア（九電，関電＋中国電＋四電）である．なお，中国電はこの間，原子力発電所を再稼働させていない．

西日本エリアでは2020，2022年度に原発発電量シェアが前年度を一時的に下回ったものの，原発シェアは近年増加傾向である．九電では原発シェアが30%を越えていた2018年10月1日，自然エネルギー電力をエリア内で消費しきれない状況が発生し，初めて中国電への送電を行ない，その直後10月12日には，離島を除いた地域では初めて太陽光発電を停止させる出力制御を実施した．九電エリア内の出力制御はその後，年々増加し，2023年度の出力制御は合計12.9億kWhに達している．これは前年度の約3倍で，過去最高である．

関電・中国電・四電の一体化エリアでは，九電エリアに続いて原発再稼働が進められ，2023年度には一体化エリアでの原発シェアは20%を越え，さらに島根原発が2025年1月に再稼働した．関電の原発稼働率が低い間は，中国電・四電の電力が関電エリアへ供給され，伊方原発の電力も四国エリア外，すなわち関電エリアに送電されていた．しかし，

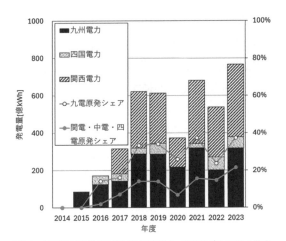

図4 原発過酷事故以降に再稼働した西日本エリア原子力発電所の発電量推移

2016年度以降は電力需給実績データ、2015年度分は九電および四電の公開データ[9,10]から作成

関電の原発再稼働が進み，他エリアからの供給が不要になると，中国電・四電からの送電量は減り，伊方原発の電力は余剰電力となる．そして優先給電ルールによって自然エネルギー電力が停止させられる．四電では2023年度の出力制御は8700万kWhと前年度の1700万kWhから5倍化した．四電のように大容量の送電線で複数の隣接エリアと接続し，一体化運用されていても，一体化エリア内で原発再稼働が進み余剰電力が発生するような状況になった結果である．2025年1月の島根原発再稼働により一体化エリアでは原発シェアがさらに増加し大規模な出力制御が継続して起きることが危惧される．北電にとって唯一の隣接エリアである東北電でも2024年12月に女川原発が再稼働しており，北電の余剰電力のエリア外送電は一層困難になり，出力制御の可能性はより高くなるであろう．

3 北海道の出力制御，実績と推計

(1) 2022年に北電初の出力制御

北海道では2025年2月現在まで原発は再稼働していないが，メガソーラー発電が多く，2022年5月8日12時30分から14時に渡って合計19万kWの出力制御が初めて実施された．出力制御は，その後2022年は5回合計76万kWh（5月1回，8月1回，9月2回），2023年は2回計25万kW（10月2回），2024年は2回計71万kW（4月1回，5月1回）となっている．北海道で出力制御が行なわれた時間帯は，東北電エリアでもほぼ全ての時間帯で出力制御が実施されており，北海道の余剰電力を北本連系線経由で東北電エリアに送電することが難しいことがわかる．これに再稼働した女川原発の影響が上乗せされるのである．

(2) 北電による出力制御試算

出力制御が増える中，OCCTOは公平性を保つために「再生可能エネルギー発電設備の出力抑制に関する検証結果」を報告している[11]．また，各電力会社は自社エリアでの出力制御の見通しを算定している．そこには様々な前提があり，その妥当性を検討するための情報開示が十分でないため全体の妥当性を検討することは難しい．しかし，出力制御に最大の影響を与える原発について，北電が「原子力は，震災前過去21年間の設備利用率平均×設備容量」との計算に基づき，泊原発の出力を175.5万kWとしている[12]ことは過大である．北電が当面，稼働を計画している泊3号機の出力は91.2万kWであり，原発出力の前提がこれよりも大きいことは泊1，2号機も再稼働に含めたものとなっていることを示す．北電自身のシミュレーション結果では，電力の最小需要日であった2022年5月29日12時での出力制御推計値を184万kW[11]としている．これは原発出力175.5万kWとほぼ同じである．つまり，原発稼働分の電力がほぼそのまま太陽光・風力発電の停止に付け回されている．これは自然エネルギー電力の普及を抑制するものである．

（3）北海道の電力需要見通しの影響

　出力制御は，余剰電力が予想される時に実施されるため，需要量が増大すれば出力制御は減少する．現在，北海道千歳市に建設中の国策の半導体会社「ラピダス」工場は，稼働時に大きな電力需要となると予想される．具体的な需要量は不明であるが北海道新聞は60万kW，北海道全域の電力需要の1~2割に達すると報道している[13]．北海道の産業界における電力需要については，電力広域的運営推進機関（OCCTO）も今後10年間で国内各分野の中で最大の伸びと推定している[14]．このような需要増に対して，北電は安定した電源として原発再稼働を最優先課題として取り組んでいる．しかし，原発を動かせば火力発電の運転量も増え，日常的に電力供給過多状態になることは伊方原発を再稼働した四国エリアの実績値からも明らかである．

　北海道で原発を再稼働させれば，需要が増えたとしてもバックアップ用火力発電も増え，恒常的に電力余剰状態となるであろう．その結果，西日本同様に出力制御が日常的なものなることが危惧される．

4　北海道独自のエネルギー政策を

　北海道の鈴木知事は「泊原発については（ゼロカーボン北海道の）目標の算定には（稼働による温室効果ガスの抑制効果を）考慮していない」[15]と，自然エネルギーによって脱化石燃料を実現する姿勢を謳っている．その一方で「洋上風力発電は北海道で使いきれないため国に2030年度まで海底送電ケーブルを実現させる」[16]と，北海道沖の風力発電の電力を道内で利用し脱化石燃料を進める構想は持っていない．国策に沿って場所を提供するだけの自然エネルギー開発ではなく，北海道独自のプランが必要である．例えば，不安定な自然エネルギー発電（風力・太陽光）

を無駄なく使うために，現在最大の石油製品使用先となっている自動車の電動化を進め，電気自動車（EV）の蓄電池を家庭用電力としても利用可能な形にすることも考えられる方策の一つであろう．電力以外の熱や動力のエネルギー源に関しても，豊富なバイオマスを利用するなど，脱原発のために必要なさまざまな技術開発を北海道が主体的に進めることが求められる．

おわりに

　北海道の主力産業が第一次産業で，原発稼働・核ゴミ処分のリスクを最も受けやすいことを考えれば，道が率先して脱原発を実現，自然エネルギーの活用でエネルギー自給の道を探ることが持続可能な北海道のために不可欠である．その先には食料・エネルギー・ケアを自給するFEC自給圏[17]が展望できる．

　このような方向は，世界的には主流のものとなっているが日本ではそうなっていない．これは，大企業の収益を最優先させる社会構造の中で，「ゼロカーボンでいかに企業の収益を作り出せるか」が最重要課題に設定されているからである．北海道が地域に根差したエネルギーの方向に舵を切った時，次世代を担う若者たちにとって魅力的な大地として北海道は新たな可能性が開けるだろう．

注および引用文献（URL最終閲覧2025年2月19日）
1) 安全なエネルギー供給に関する倫理委員会：『ドイツ脱原発倫理委員会報告』（吉田文和，ミランダ・シュラーズ編訳，大月書店，2013）.
2) エネルギー基本計画 p.22 (2014).
3) 前川正敏，諸富 徹：「再エネの大量導入は原発とバッティングするのか？―再エネ出力制御の要因分析とその解決法―」再生可能エネルギー経済学講座コラム No.414.
https://www.econ.kyoto-u.ac.jp/renewable_energy/stage2/contents/column0414.html
4) 電力広域的運営推進機関：『供給区域別の需給実績（電源種別，1時間値）の公表』.
https://www.occto.or.jp/oshirase/sonotaoshirase/2016/170106_juyojisseki.html
5) 和田 宰：「2030年四国における電力脱炭素化を実現するために」『日本の科学者』**57** (12)，25-31 (2022).

6) 北海道電力：「事業報告（株主総会資料）」p.40（2024）．
https://www.hepco.co.jp/corporate/ir/stock_info/pdf/
100syousyu_03.pdf

7) 電力広域的運営推進機関：「送配電等業務指針」174 条．

8) 電力広域的運営推進機関：「2022 〜 2031 年度の連系線の
運用容量（年間・長期）」p.13．
https://www.occto.or.jp/iinkai/unyouyouryou/2021/files/
2021_4_2-1.pdf

9) 四国電力：「伊方原子力発電所について 発電電力量」．
https://www.yonden.co.jp/energy/atom/ikata/operationg_results.
html

10) 九州電力：「原子力情報 これまでの発電実績」．
https://www.kyuden.co.jp/nuclear_operation_jisseki1.html

11) 電力広域的運営推進機関：「再生可能エネルギー発電設備
の出力抑制に関する検証結果」．
https://www.occto.or.jp/oshirase/shutsuryokuyokusei/

12) 北海道電力ネットワーク株式会社：「再生可能エネルギー
の出力制御見通し（2023 年度算定値）の算定結果について」．
https://www.meti.go.jp/shingikai/enecho/shoene_shinene/shin_

energy/keito_wg/pdf/049_s01_01.pdf

13) 北海道新聞：「ラピダス電力 60 万キロワット」（2023 年 9
月 30 日）．

14) 電力広域的運営推進機関：「全国及び供給区域ごとの需要
想定」．
https://www.occto.or.jp/juyousoutei/2023/files/240124_
juyousoutei.pdf

15) 北海道新聞：「知事インタビュー 脱炭素 原発稼働前提に
せず」（2023 年 4 月 21 日）．

16) 日本経済新聞：「北海道知事，送電網「30 年度までに運転
を」」（2022 年 8 月 30 日）．

17) 内橋克人：『もうひとつの日本は可能だ』（文春文庫，
2006）p.181．

（やまがた・さだむ：北海道大学工学研究院，
環境工学）

談話室

コーポラティブ住宅「つなね」——25年間のコミュニティとこれから　　瀬渡比呂志

はじめに

「瀬渡さん，コーポラティブ住宅創らない？」近所に住んでいた知人からの一声で始まったコーポラティブ住宅「つなね」．

コーポラティブ住宅とは，住み手が自ら共同して作る住宅．ほとんどの場合集合住宅である．計画から入居までに住み手が関わる度合いはいろいろあるが，わたしたちは，メンバー集めや土地探しなど可能なことはすべて自分たちで進めることとした．そして，ある程度参加者が集まった時点で，多くのコーポラティブ住宅の建設に関わっておられる伴年晶氏に設計・コーディネートをお願いすることとした．また，建物の名称は，奈良で建設することとしていたことから奈良らしい名前にと「つなね」とすることとした．「つなね」とは古代，建築物の梁や柱を結わえるために用いた葛などのこと．今から28年前，1996年のことである．

土地探しとメンバー集めに2年，設計に1年，建設に1年，23世帯が入居したのは2000年4月．爾来25年，四半世紀が経った．

写真1　コーポラティブ住宅「つなね」の入口

敷地の高低差が7 m，2697 m²の敷地に3棟，3階建で23世帯．建蔽率35%，容積率60%のゆったりとした住宅ができた(写真1)．

1　つなねの生活

コーポラティブ住宅と言えば，入居者同士が家族のように頻繁に交流しているように思っている方もおられるかもしれないが，つなねは，普段は相互の干渉はなく，それぞれがそれぞれに生活している．そして，必要なときに，その度合いに応じて関わり合っている．付かず離れずの関係という言葉があるが，必要なときに関わる関係という意味では，必要なときに付いて普段は離れる「付いて離れる」関係といった方が的確な関係性と言える．

（1）集会

建設に向けては3週間に一度全員が集まり，建設に向けたことや入居後に向けたことなどいろいろと相談していた．竣工して入居が始まると，建設や入居にまつわっては集まる必要が無くなったが，お互いに気心の知れた懇意な関係になっていたため，誰からともなく定期的に集まろうとの話が出た．そこで，地元の自治会が主催する2ヵ月に1度の地域清掃の後に集まることとなった．集まってみると，庭の手入れや生活に関わる相談事項や連絡事項，後述するいろいろな活動の話など話題が尽きない．今でもほぼ全員が参加して，偶数月の第1日曜日に「集会」が開催されている．

（2）イベントや維持管理

入居以来全員を対象とした花見，年末の防災訓練・大掃除・餅つき・忘年会，「とんど」といった季節ごとの行事は今でも続いている（写真2）．また，消防点検や下水管洗浄といった建物管理に関わる取り組み，業者に依頼せずに入居者で作成している大規模修繕に向けた維持保全計画の作成や，そのための建物調査も定期的に進めている．

写真2　入居者による餅つきイベント

(3) いろいろな活動

　当初は働き盛りの入居者も多かったが，退職者が増えてきた．すると，集会所で「モーニングカフェ」を主宰する「店長」が現れたり（写真3），元気体操と名付けた体操や女子会，男性陣のバル（日中の飲み会？），中国語研究会と銘打った麻雀，映画好きの方が入居以来月2回開催してくださる映画会，日帰りの「プチツアー」など，好みに応じていろいろと生活を謳歌している．

写真3　集会所でのモーニングカフェ

(4) 役員選出や委員会活動

　毎年改選する管理組合役員は，輪番や抽選といった半強制的な選出方法ではなく25年間自薦他薦で行われてきた．その年の状況やそれぞれの方の状況をお互いが良く知っており，これまで一度も揉めることなく自然に全員合意で決まってきた．

　また，建設に向けては，設計委員会や植栽委員会，建物管理委員会，規約委員会，記念誌作成に向けた記念誌編集委員会など，手分けして進めていた種々の委員会による検討や取り組み．入居後もこの方式が根付き，種々の課題を役員任せにするのではなく，今でも建物管理委員会，植栽委員会，規約委員会などその都度必要に応じて委員会を設置して検討，2ヵ月に1度の集会で報告・議論したり，年1回の総会に付議している．

2　新たな入居者探しも自分たちで

　25年も経つと亡くなる方がおられたり，高齢施設に入られる方がおられたりと，入居者の入れ替えが起こる．

　つなねでは，通常の分譲住宅と同じく区分所有のマンションで，新たな入居者は他のマンションと同様新旧で売買契約を締結し所有権を移転して入居することになるが，新たな入居者探しは所有者任せではなく，みんなで行う（図1）．そして，つなねについての理解を得て，つなねに魅力をもっていただいた方を入居者として迎えている．

図1　入居者募集のチラシ

おわりに

　それぞれが気兼ねなく生活を謳歌しているつなね．必要なときに寄り添い，必要なときに集まり，それぞれの年齢や状況に応じ，気楽で楽しくつなねライフを送っている．これまでの25年間同様，これからもつなねライフが続くことを願っている．

（せと・ひろし：街づくり）

論文 P A P E R

放射能汚染継続下の復興事業の問題と的確な計画制度の確立―飯舘村の汚染実態と土地利用規制管理のために

東京電力福島第一原子力発電所事故から14年，放射能汚染は継続したままであるにも関わらず避難解除され，汚染された里山の麓に帰還者は暮らす．被災村の飯舘村での長年の調査による被ばくリスクの実態を述べる．放射能汚染地域の法的指定がない点，発災後において，都市計画，農振法，森林計画等の分野での法的改正も皆無である点を追求し，「チェルノブイリ法」との比較で，的確な土地利用規制管理を考える．

糸長浩司

はじめに

東京電力福島第一原子力発電所（以下 1F）の甚大な人災は14年経過した現在も，収束の見通しが厳しい．日本政府（以下，国）は年間 20 mSv 以下の被ばくを現存被ばく状況として容認し避難指示を随時解除し，帰還困難区域に復興拠点区域，特定帰還居住区域を設定，放射能汚染されたエリアへの帰還促進を進めている．旧避難区域の帰還率は低いにも関わらず，多様な補助金による移住促進策を，国及び福島県，被害市町村は進める．14年前の放射能汚染を恐れた避難や原子力災害対策特別措置法（以下，原災特措法）の原子力緊急事態宣言は解除されていないことを忘れているかのようである．

被災地（深刻な放射能汚染地域）では，大規模な土地区画整理事業，福島イノベーションコースト構想，福島国際研究教育機構（以下，F-REI）設置等の居住・産業・研究・教育関連の復興事業が大規模に展開されている．破壊された原子炉施設の廃炉も見通せず，再度の大事故の甚大なリスクを抱えた1F近くでの復興事業，帰還政策は疑問である．原子力緊急事態宣言下は被ばく防止のための応急対応期間である．復旧は宣言解除後と原災特措法で規定されていることは無視されている．さらに都市計画法，農振法，森林法，農用地土壌汚染対策法等では，原発災害に伴う法律改正は行われていないという地域計画制度の深刻さもある．

本稿では，筆者が1990年代より自然共生型の村づくりを支援してきた福島県飯舘村での放射能汚染実態や村民の被ばく実態や意識，復興事業の課題を述べ，その後「チェルノブイリ法」[1]（以下，チェ法）と比較し，今後の土地利用規制管理について考察する．

1 飯舘村の放射能汚染継続

飯舘村のような里山地域の人々は，「自然との共生居住権」を享受してきた．しかし，森林，河川，農地，庭，住宅が放射能で汚染され，除染されたものの，なお放射性セシウム（以下，Cs137）は残存している．Cs137の半減期は約30年であり，元の自然に戻るには200年，8世代以上かかる．筆者は

キーワード：核施設事故（nuclear facility accident），放射能汚染地（radioactively contaminated areas），飯舘村（Iitate Village），計画制度の不在（absence of planning system），チェルノブイリ法（Chernobyl Law）
著者連絡先：itonagakoji@outlook.jp

表1　飯舘村内の除染済宅地の土壌深さ別 Cs137 濃度（2021 年測定）

土壌の深さ cm	落葉除染済の裏山 サンプル数 500%		除染済庭の樹木 サンプル数 4		除染済宅地 サンプル数 14	
	平均		平均		平均	
	Bq/kg	比率	Bq/kg	比率	Bq/kg	比率
0~5	15,223	61%	3,047	39%	5,452	54%
5~10	9,263	37%	1,993	26%	2,494	25%
10~15	191	1%	1,425	18%	980	10%
15~20	73	0%	706	9%	650	6%
20~25	51	0%	371	5%	467	5%
25~30	32	0%	208	3%	105	1%

表2　飯舘村民の内部被ばく

飯舘村民		測定 2024 年月	尿中 Cs-137 濃度 Bq/kg	1日尿中 Cs-137 量 Bq/日
村内定住	a	2月	1.1	2.2
	f	2月	0.5	0.5
二地域居住	b	2月	5.3	11.9
		7月	2.9	5.7
	c	2月	1.7	3.6
		7月	0.9	2.1
	d	2月	0.2	0.5
	e	2月	0.1	0.1

2011 年の発災後から飯舘村の放射能汚染実態や住民意識調査，野菜の試験栽培，養蜂実験等を村民や日本大学の内ヶ崎万蔵准教授と進め，東電及び国を訴える裁判闘争も支援してきた．さらに「飯舘村放射能エコロジー研究会」を村民有志，原子力研究者の今中哲二（京都大学）や研究者，マスコミと組織しシンポジウム等も継続的に実施してきた．今中は，放射能被ばくリスクが安全レベルになるには 200 年以上必要と推察する．

表1は飯舘村民が提訴した「初期被ばく及びふるさと喪失訴訟」の証人資料として，筆者が測定し提出した 2021 年の資料で，原告の宅地周囲の土壌中の Cs137 濃度である．2015 年に除染されたが Cs137 は残存している．裏山の土壌汚染は深刻で深さ 5 cm 層は 1 万 5000 Bq/kg である[2]．土壌密度を 1.5 g/cm^3 として 113 万 Bq/m^2 の汚染となり，チェ法でいえば強制避難区域に相当するが，福島ではそこでの定住が許可されている．

2　飯舘村民の被ばく状況

山林に囲まれた飯舘村の生活は外部及び内部被ばくが避けられない．国は「現存被ばく状況」を容認する．筆者らは 2023 年 8 月，飯舘村民 4 人に協力を依頼して 1 週間の個人線量を測定した．村内滞在率と外部被ばく量は相関し，村に滞在することでの外部被ばく量は増加する．熱い夏期間のため外での生活は控えめであるが，飯舘村で終日室内生活する高齢者の外部被ばくは平均で 0.2 μSv/h であり，単純積算すると年間で 1.75 mSv で

ある．自然被ばく 0.35 mSv として追加被ばく量は 1 mSv/ 年を超える．

村民の協力を得て 2023 年 2 月及び 7 月に，1 日の尿中の Cs137 量を測定した．大気圏核実験期間の日本人成人の 1 日尿中 Cs137 量は，1964 年の約 5 Bq をピークに核実験の縮小で減少した[3]．これに比して，Cs137 量の多い村民 b は 11.9 Bq と高い．山菜食の可能性も高く，山菜食を控えてもらうと 3 ヵ月後には約半分の 5.7 Bq に減少した．夏と冬の相違もあるが，山菜食を控えることで内部被ばくリスクは低減する．山菜食無しの村民でも 2 ～ 3 Bq の村民がいる．里山の空気中の Cs137 の吸引による内部被ばくも疑わざるを得ない．

2024 年に飯舘村内の住宅及び小屋内（合計 5 件）の床に掃除機を稼働させた後のゴミ中の Cs137 濃度は，1346 ～ 8850 Bq/kg であった．8000 Bq/kg 超えの指定廃棄物となるゴミもある．床汚染は 0.7 ～ 53.9 Bq/m^2 であり，放射線管理区域規制値 4 万 Bq/m^2 より相当低いものの，明確に室内にまで Cs137 が侵入しており，汚染空気による内部被ばくのリスクはある．

また，「チェルノブイリ膀胱炎」の心配もある．福島昭治らのチェルノブイリ調査から放射能汚染地域での慢性的な膀胱病変の指摘がある[4]．表3は土壌汚染度合を I ～ II の汚染ゾーンでの膀胱病変患者率が上がることを示す．飯舘村の土壌汚染度合は，I ～ II レベルであり，先の飯舘村民の 1 日尿中 Cs137 量は，0.1 ～ 11.9 Bq/kg である．今後，膀胱

表3　チェルノブイリ膀胱炎リスト

持続的な慢性低線量電離放射線によって誘発される膀胱病変

調査地の区分	I	II	III
土壌汚染　面積単位　Bq/m2	18.5万～111万	1.85万～18.5万	非汚染
土壌汚染* Bq/kg	2800～17000	280～2800	非汚染
検査を受けた患者数	55	53	12
尿中のセシウム137レベル(Bq/L)	6.47±14.30	1.23±1.01	0.29±0.03
膀胱異形成発生率　%	97	83	27
膀胱がん発生率　%	73	64	0
患者数(女性)	73 (1)	58 (4)	33 (0)
年齢中央値(範囲)	65(52-91)	72(30-87)	66(54-75)
栄養	普通	普通	普通
10年以上喫煙率　%	30.1	58.6	33.3
ウクライナで膀胱がんの発生率が増加			
1986年から2001年の間、人口10万人あたり26.2人から43.3人			

Romanenko A, Morimura K, Wanibuchi H, et al.: Urinary bladder lesions induced by persistent chronic low-dose ionizing radiation, Cancer Sci, 94, 328-333 (2003) 論文中の表を糸長が合体させ、日本語訳とした.
＊印：土の比重1.3, 深さ5cm汚染と仮定して糸長が計算

病変のリスクを負う心配もある.

3　飯舘村民の放射能汚染に関する意識

筆者は発災直後から飯舘村民に9回のアンケートを実施してきた. 直近では2024年9月に, 主に帰村定住者もしくは一時帰村の村民を対象として実施した. 74名（I行政区23名, F行政区26名, 他村民25名）で, 60歳代以上が89%, 男性74%であり高齢者・男性が主となる. 帰村定住者54%, 一時宿泊＋通い39%で, 主な居住地は飯舘村50%, 福島市35%である.

村内の放射線量を気にかける人は45%と半分に満たず, 高齢者が多いためと推察する. ホールボディカウンター（WBC）の測定経験者は6割いるが, 定住者の今後の測定希望者は23%と低く, 放射能疲れか慣れか, あるいは放射能を気にしたくないという精神状況にあると推察する. 村内に残る放射性物質への不安は61%と過半数である. 定住者ではWBC希望率23%に対して不安が58%であり, 「不安はあるが体の測定はしたくない」という意識である. 全体では避難解除の納得は55%と過半数である. 不安と解除納得度合を数量化3類で構造化した. ［不安で非納得］［非不安で納得］の2極の他に, 迷いの極の3区分に分かれる.

行政への要望は「医療費免除制度の継続」73%,「定期的な徹底した健康診断を受けられる補助」55%,「将来的な医療保障を受けられる健康手帳の配布」54%と過半数である. 一方で山の汚染樹木伐採38%, 山の落ち葉除染26%, 農地再除染24%, 住宅再除染20%で, 環境汚染対策の要望は少ない. 今後も被害者の医療保障と健康管理のための被ばく健康手帳（仮）の交付等, 被災者に寄り添った「人の復興政策」が必要である.

4　放射能災害の心配のある復興事業

(1)　汚染木材を燃料のバイオマス発電所の課題

飯舘村の汚染の酷い南部では, 復興事業として東電と熊谷組等により7500kWのバイオマス発電所が2024年秋から稼働している. 年約9.5万tの放射能汚染樹木を使用する. 筆者は市民たちと国会議員を介して環境省らに対して, 放射能汚染された木材を燃料にすること, 濃縮灰の処理を行う労働者の被ばくリスク, 煙突から排出されるPM2.5の汚染飛灰による放射能汚染拡大問題を訴えてきた. しかし, 放射能汚染木材を燃料とするバイオマス施設を規制する法律の不在, 放射能対処特措法の外でかつ放射能管理施設でもないとされた. 灰の汚染が1万Bq/kg及び総量が1万Bqを超えた場合は放射性物質と認定され, 電離放射線障害防止規則（電離則）の労働安全規則に準拠するという. 事業者は燃焼灰を扱う区域のみ放射線管理区域相当として稼働し, 被ばく労働管理の法規制はあいまいである. 一種の「放射性物質濃縮化施設」（ミニ原発施設）であり, 原発事故被害者が被ばく労働者として働くことになる.

稼働後の2024年12月の飛灰は1万1000～1万9000Bq/kgと公開され, 放射能汚染対策特措法の指定廃棄物であり厳重な管理が必要である. この灰が0.5～1kgあれば放

射能物質に相当し，厳重や被ばく管理労働が義務づけられる．放射能汚染リスクの高い施設を放射能汚染被災地の復興事業として動かすことは問題であり，核災害を拡大する心配がある．

（2）巨大な風力発電所事業計画の課題

飯舘村の帰還困難区域の長泥地区周辺の約2879 ha（ほぼ国有林）で，最大28基の風力発電機（最大126 MW）が計画されている．東急不動産の事業で県の環境アセスメント段階（2022年〜）にある．村民への十分な説明はされていない．低周波騒音問題，景観破壊，バードキル等の課題があり，「いいたて美しい村づくり推進条例」に基づき，申請以前段階で村が積極的に事前調査・情報発信を行うことが望ましいが，村当局の動きは鈍いままである．風車設置工事のための林道整備等で伐採された樹木は，東電等経営の先のバイオマス発電所の燃料となる．バイオマス発電，風力発電という再生可能エネルギー生産を大義名分としたショックドクトリン的な復興事業が展開されている．

5 不安定なままの廃炉事業地での危険な復興事業

（1）不安定で見通せない危険な廃炉事業

1Fの1号機の基礎コンクリートが溶け鉄筋が剥き出しになっている．その後の地震に耐えているが，いつ圧力容器が倒壊し大惨事が再来するか心配である．1Fの1〜3号炉の圧力容器の蓋には合計で約70 PBq（P = 10^{15}）の放射性セシウムが付着している．チェルノブイリで放出されたCs137は160 PBqである．しかもデブリ取り出しの見通しが立たない．未曽有の災害が継続中であることを再認識して賢明な破局対応が望まれる．事故廃炉定義も不明確なまま短期・中期的な廃炉工程で進められている．100年以上のスパンでの監視体制を明確にし，その後に廃炉にす

るという「事故原子炉監視・廃炉法」（仮）による本格的な軌道修正が必須と思う．

（2）継続的な放射能汚染地域での土地利用規制の不在

1Fから数 kmの位置にあり，放射性物質が残存する森林に囲まれる双葉町，大熊町で，復興市街地整備，駅舎・公共施設・住宅整備が復興事業として進められている．これらをコントロールする都市計画制度は改定されず，震災前の制度のままである．都市計画研究者からの指摘もない．被災地自治体の復興，帰還・移住住民の生活・生業環境再建が声高に言われ正当化される．安全に制御できていない破壊された原発施設の直ぐそばで，原発事故前を凌ぐ都市整備が進む．消火中のガスタンクの横で，新市街地が整備されているようなものである．事故前と同じ都市計画制度が適用されていること自体，政治と研究者の怠慢と言わざるを得ない．都市計画法だけでなく，建築基準法では住宅及び建築物での放射能防御規定が無く，農振法では農用地での放射能汚染基準の設定も無い．

農用地土壌汚染対策法における有害対象物質は銅，ヒ素，カドミウムに限定されたままで，Cs137は追加されず，堆肥としての暫定基準値400 Bq/kgのみである．除染後も1000 Bq/kgを越える農地はあり，そこでの生産規制はされず，農産物への移行による影響は100 Bq/kgを規制値とするだけである．除染土壌の再利用実証事業地での飯舘村長泥の30 haの農地では，農用地土壌汚染対策法による対処はなく，汚染土壌による土地改良事業が復興事業として展開され，農業者の被ばくが危惧される．

森林法では，放射能汚染された森林は除染もされず，放射能汚染管理に関する法制度の創設もない．汚染森林からの木材搬出規制値も設定されないまま，福島県が伐採規制基準として，樹皮が6800 Bq/kgの樹木の伐採を

制御する程度である．原子炉規制法のクリアランスレベル100 Bq/kgを越える木材が流通していると推察する．林業経済への風評被害対策を盾にして木材規制値は設定されていない．

以上の制度的不備・欠陥は，原発事故による放射能汚染地域を法制化していない立法府の大きな責任である．さらに，土地利用計画制度研究者の専門家として責任が問われる．

(3) 福島イノベーションコースト構想の問題点

発災直後の福島復興構想と異なり，被災者の生活・生業再生につながる視点は今の復興計画・事業には希薄である．2014年の国主導の「福島イノベーションコースト構想研究会」報告書を契機として，一気に巨大な新産業集積＝復興産業事業が，「世界のモデル」の旗印の下に国主導で展開している．被災者たちの生活再建，生業再建，コミュニティ再建，ふるさと再生の視点は希薄である．ロボット産業等の新産業拠点づくりが果たして，被災者たちの希望する，あるいは未来の世代に継承していける復興事業であるとは思えない．

イノベーションコースト構想は，「日本版ハンフォードモデル」として展開されている．米国ワシントン州ハンフォードは世界で最も核汚染された地域として有名である．原住民の貴重な採取・聖地的エリアであった地域を強制収用し，長期的に原発施設を稼働させた．広範囲な核汚染地域であり，1518 km² 直径20 kmの円内にほぼ収まる．原住民の健康被害，風下住民の健康被害問題は継続している．そのエリアの外周に近接したラップランドは近年研究投資や除染関連産業振興で活況を呈しているとして，ハンフォードモデルと評価され，福島の復興モデルとなっている．

ハンフォードの核処理施設の周囲20 kmは無人に近いのに対して，1F周囲の5 km近

傍の大熊町，双葉町では，復興市街地整備が進められ帰還住民の生活拠点整備が進められている．ハンフォード核処理施設から約5〜10 km離れたゾーンは緩衝地として国定公園が指定され，人々の生活圏域ではない．福島との相違は明確である．ハンフォードをモデルとするのであれば，1Fから20 kmは無人地帯となる．

6 土地利用規制・監視制度の確立に向けて

(1) 長期的な放射能汚染に対応した土地利用規制等

筆者の推定では中間貯蔵施設に集められた除染土壌の4倍以上の汚染土壌及び汚染樹木が福島県の浜通りの森林には残存している．中間貯蔵施設の除染土壌が県外に最終処分されたとしても，Cs137が森林に残存したままであり，被ばくの危険は継続するという矛盾を抱えている．放射能対処特措法が不十分であることが起因している．森林，河川，湖沼は200年近くCs137の捨て場となっている．

「原発事故による放射能汚染地域」を法的に指定し，その領域での土地利用管理・監視・規制体制を構築し，Cs137の半減期に即して随時見直し，100〜200年先の健全な土地利用に誘導するという時間軸を組み込んだ土地利用制度が必要である．この考え方は，チェ法に通じるものもある．30 km圏は非居住にしているチェ法と異なり，福島ではその圏域は復興居住地域として位置づけられている．これらの復興居住地で生活する人たちの内外部被ばくに対しての健康保障の政策はとられていない．原爆の黒い雨による長期的な被ばく，有機水銀汚染により不知火海での広大な食品中毒被害が想定される水俣病公害にも匹敵する，原発公害の発生が長期的に危惧される．

土地利用計画・規制制度の対処は急務である．現段階で考えられる計画的課題を述べる．

①現存被ばく状況の農村都市地域を「長期的放射能汚染地域」として法的に規定する．放射性物質汚染対処特措法」の改定か，「原発事故公害対策法」（仮）が必要である．

②筆者の飯舘村での7年間の植林実験では非汚染苗の生長によるCs137の移行率は極端に少ないことが判明した．非汚染苗木の植林による100年間で再植林による里山再生の可能性はある．汚染樹木を伐採し，燃焼処理ではなく，堆積する場所の確保である．モデル的な里山エリアでの長期的な森林再生（100年以上）のプロジェクトも意味がある．

③森林・農地・宅地の空間線量率だけでなく，Cs137の賦存状況の実態調査を100 mメッシュ単位で実施し，Cs137の賦存状況を図化する．Cs137の分布状況を見える化し，短期・長期的な土地利用管理の基盤を作る．

④農業での被ばく労働を避けるために，極力大型圃場化を行い機械化及び施設栽培の普及を図る．再度の農地除染も必要である．

⑤現在の帰還定住者に再度の避難要請は厳しいが，定住促進ではなく，2地域居住か，通いによる担い手を確保する法制度を用意する．

⑥帰還定住優先ではなく，2地域居住システムを定着させる．筆者が発災時に飯舘村に提案した二重住民票を法制度的にも整備する．

⑦被害者の長期的な疫学調査を実施し，被ばくによる病変に対する徹底的な補償の仕組みを確立する．水俣病認定や原爆被害者認定で経験された課題を乗り越える仕組みづくりである．

⑧長期的な放射能被ばくが続く，「現存被ばく状況下」で生活する人々に対して，医療費免除制度の継続及び，将来的な健康リスクに対する補償として「被ばくに対する健康手帳」（仮）を被害者に提供することが求められる．

これらの課題に関連した提言を，筆者が委員長を務める日本建築学会の特別研究委員会

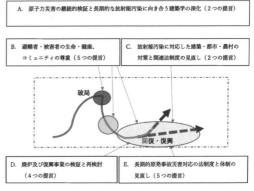

図1 日本建築学会原発長期災害対応特別研究委員会による「原発事故による長期的放射能影響への対策に向けた建築からの提言」の構造図

では2024年に，政府，東電，学会員に対して発出した[5]．詳細はここでは省くが，提言の構造を図1に示す．提言は原発事故の破局から直ちに回復・復興は厳しいという認識の下に，長期的な回復・復興を前提とし，その期間における避難者・被害者の生命・健康を守り，コミュニティの回復を図ることを第一に考えるべきである主旨で構成されている．稼働中あるいは使用済み核燃料のある原発施設における今後の事故に対応する避難計画，防御についての建築学的な視点からの検討課題を提示している．さらに，放射能汚染地域での汚染状況に対応した土地利用計画規制制度の創設についても言及している．

（2）チェルノブイリ法を参照した法的対処の提案

チェ法は1991年に制定され，事故原発から30 km圏内及び555 kBq/m^{2}を超える汚染地域では移住の権利も保障されつつ，居住，農林業等の生業活動もコントロールされてきた．重要な点は，年間1 mSv以上の地域は汚染地域に指定されたことである．日本では，この指定はなく避難解除と帰還促進政策が進められている．

表4は土地利用管理規制案である．チェ法を参考し，福島の置かれている状況を加味し，

表4　チェルノブイリ法を参考とした日本での放射能汚染地域設定の糸長試案

チェルノブイリ法 1991年 ウクライナ	土壌汚染密度 Cs137 kBq/m2	追加空間線量 mSv/年	日本での放射能汚染ゾーニング案	日本に適用した場合の想定（糸長提案 2024年12月）		活動内容							
				Cs137* kBq/kg	屋外空間線量率** μSv/h（測定値）	監視・管理	除染	仕事			住		定住
								林業作業	農作業	室内作業	非住	半定住（2地域）	
避難（特別規制）ゾーン	1986年の避難地域		非定住区域			◎	△	×	×	×	◎	×	×
移住義務ゾーン	555以上	5以上		8.54以上	0.82以上	◎	△	△	×	×	◎	×	×
移住権利ゾーン	185〜555	1以上5未満	半定住区域	2.84〜8.54	0.2〜0.82	◎	△	△	△	△	◎	×	×
放射能管理強化ゾーン	37〜185	0.5以上	定住管理区域	0.57〜2.84	0.08〜0.2	◎	◎	○	○	○	×	○	○
正常***	37未満	0.5未満	定住区域	0.57未満	0.078未満	○	×	◎	◎	◎	×	×	◎

* 比重1.3の5cm層の土壌を仮定
** 屋外滞在8時間，屋内滞在16時間，屋内空間線量を屋外の0.6倍と仮定
*** このゾーン設定名称はチェルノブイリ法にはない

かつ現在までの帰還政策を考慮したものであるが，厳しい管理規制案である．規制とそれに伴う補償は，国と東電が責任をもって進めることは基本である．追加年間空間線量は1mSv，土中5cm層のCs137濃度が約2800Bq/kgとし，どちらかを超える区域は法的に放射能汚染地域として指定し，半定住区域（2地域居住は許可される）として生活，生業の法的規制をする．年間5mSvか土中5cm層で約8500Bq/kgの地域はより厳しい非定住区域とし，原則的に居住，生業は禁止する監視区域とする．年間0.5mSvか土中5cm層で約600Bq/kgの地域は定住管理区域として定住しつつ放射能汚染に対しての定期的な監視をする地域とする．放射能汚染の厳しい森林区域は，長期的なモデル除染とモニタリングで継続的な監視と環境改善活動を重視するエリアとする．この提案は非現実的と考える国民は多いと思われるが，今回の原発事故の長期的汚染と長期的公害被害を想定した一つの提案として受け止めていただければ幸いである．

おわりに

本稿を書いている2025年2月現在，除去土壌を全国で再生利用するための放射能対処特措法施行規則の改定案のパブリックコメントが実施されている．放射性物質の集中管理の原則を逸脱する改定である．2011年に議員立法で制定した放射能対処特措法を14年経過した状況を踏まえて的確に改定しようとせず，施行規則の改定で対処することは不正である．原発事故後に放射能汚染に対応した土地利用に関する法制度の見直しがなされていない点は，政治家，研究者の社会的責任が大きく問われる．

謝辞　本研究に協力していただいた菅野哲氏をはじめとした飯舘村民の皆様に深く感謝申し上げます．本稿の成果の一部は住総研の研究補助（2023〜2024年）による．

注および引用文献

1) チェルノブイリ原発事後1991年制定され，その後，ロシア，ベラルーシ，ウクライナでの3国で改定もあるが，居住禁止及び避難権利区域等の設定は共通している．
2) 2011年8月に急遽制定された「放射能対処特措法」では，原子炉規制法のクリアランス基準100 Bq/kgを8000 Bq/kgに引き上げるダブルスタンダートが問題であるが，その8000 Bq/kgを越える土壌汚染が継続する．
3) 環境省の「放射線による健康影響等に関する統一的な基礎資料 平成30年版」より．
4) Romanenko, A. et al.: Urinary bladder lesions induced by persistent chronic low-dose ionizing radiation, *Cancer Science* 94, 328-333 (2003).
5) 日本建築学会防災長期災害対応特別委員会からの「原発事故による長期的放射能影響への対策に向けた建築からの提言」(2024).
6) 糸長浩司:「放射能汚染長期化と復興核災害リスクを飯舘村支援研究から考える―廃炉事業と復興事業の同場同時の矛盾―」『福島復興の視点・論点』(明石書店，2024).
7) 糸長浩司:「自然との共生居住権の喪失と二重居住権の確立を」『日本災害復興学会誌『復興』(No.14)』7 (2)，36-44 (2016).
8) Koji Itonaga: Contamination and community support in the aftermath of the Fukushima disaster, Bulletin of the Atomic Scientists published online 19 June 2014.

（いとなが・こうじ：NPO法人エコロジー・アーキスケープ，環境建築学）

ひろば

1.5 ℃目標と第7次エネルギー基本計画

編集委員会

世界気象機関（WMO）は 2025 年 1 月，2024 年の地球表面気温（global surface temperature）は西暦 1850 年～1900 年の平均から 1.55 ℃上昇し，観測史上最高値を記録したことを発表した[1]．気候変動枠組み条約パリ協定（2015 年）が定めた 1.5 ℃目標を，例え一時的であったとしても超えてしまった．世界で頻発する極端気象による自然災害は，既に気候危機が顕在化しつつあることを示している．気候変動に関する政府間パネル（IPCC）「1.5 ℃特別報告」（2018 年）は，温室効果ガス排出の大幅削減に直ちに取り組まなければ，2040 年前後に +1.5 ℃に到達してしまうことを警告していたが，現実にはそれよりも速く温暖化が進行している．即ち，パリ協定が打ち出した「今世紀後半に，温室効果ガスの人為的排出と人為的吸収をバランス（均衡）させる（2050 年ネット・ゼロ）」目標だけでは，手遅れになる可能性が高い[2]．

国連環境計画（UNEP）は Emissions Gap Report 2024 で，世界の温室効果ガス排出量は COVID-19 世界流行収束後，最高値を更新し続けていることを明らかにし，世界各国，とりわけこれまで膨大な温室効果ガスを排出してきた国々に対して，大きな飛躍（quantum leap）と言える温室効果ガスの野心的削減計画を，2035 年 NDC（nationally determined contribution）に反映させることを求めた[3]．これに対し，日本政府は 2025 年 2 月 18 日，「世界全体での 1.5 ℃目標と整合的で，2050 年ネット・ゼロの実現に向けた直線的な経路にある野心的な目標」として，2035 年度，2040 年度において，温室効果ガスを 2013 年度からそれぞれ 60%，73% 削減することを目指す NDC を，国連気候変動枠組条約事務局へ提出した（図 1）[4]．

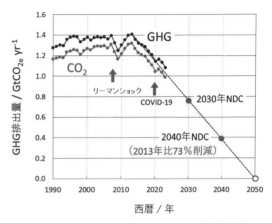

図 1　日本の NDC と温室効果ガス（GHG）排出量変遷
国立環境研究所　温室効果ガスインベントリオフィス「日本の温室効果ガス排出量データ（1990 ～ 2023 年度）」により作成．

また，同日 2040 年 NDC を盛り込んだ第 7 次エネルギー基本計画が閣議決定された[5]．本来なら 1.5 ℃目標に整合的で，かつ日本の国際的責任を果たすためには，排出削減経路は，1.5 ℃目標達成のために残された炭素予算（residual carbon budget）の内から，日本に割り当てられた許容排出総量を基に，科学的に決定されるべきものである[6]．NDC には直線的経路による削減計画が，野心的で公正であるという根拠は示されていない．それどころか，実際にはこの経路上の 2030 年 NDC（2013 年度比 46% 削減）の達成すら怪しいと評価されている[3]．

第 7 次エネルギー基本計画には，2040 年度温室効果ガス 2013 年度比 73% 削減目標に合わせた希望的観測に基づく 4 つのシナリオと，それらがうまく行かなかった場合の現実的なシナリオ（2013 年度比 56% 削減）が示されている（表 1, 2）．シナリオには，熱力学的に著しく非効率な水素・アンモニア火力発電[7-9]や，未来の環境リスクと

著者連絡先：mail@jsa.gr.jp

表1　第7次エネルギー基本計画の5つのシナリオ

シナリオ	シナリオの概要
①再エネ拡大	既存の再エネ技術に加え、ペロブスカイト太陽電池・浮体式洋上風力等の大幅なコスト低減が実現し、国内の再エネ導入量が拡大.
②水素・新燃料活用	水素等の製造コストの大幅な低減により、水素・アンモニア火力の活用とともに、非電力部門における水素・アンモニアや合成燃料・合成メタン等の活用が拡大.
③CCS活用	CO2貯留可能量の拡大、CO2回収・輸送・貯留技術の大幅なコスト低減により、一定の化石燃料の利用が残存しつつ、発電や産業でのCCSの活用が拡大.
④革新技術拡大	幅広い革新技術で導入制約の克服、大幅なコスト低減等が進展、エネルギー需給の両面で様々な革新技術をバランスよく活用することにより、脱炭素化が進展.
⑤技術進展	2040年度までに革新技術の大幅なコスト低減等が十分に進まず、既存技術を中心にその導入拡大が進展.

出典：文献5

表2　シナリオ別エネルギー起源CO2排出量

シナリオ	エネルギー起源CO2排出量	2013年度比削減率	電力排出係数(kgCO2/kWh)	
			全電源平均	火力平均
①再エネ拡大	3.67億 t	▲ 70%	0.04	0.20
②水素・新燃料活用	3.65億 t	▲ 70%	0.03	0.15
③CCS活用	3.67億 t	▲ 70%	0.00	0.08
④革新技術拡大	3.65億 t	▲ 70%	0.04	0.18
⑤技術進展	5.39億 t	▲ 56%	0.13	0.31

出典：文献5

なるCO_2地層貯留（CCS）[10]などへの過大評価が含まれている．加えて，計画では，2040年度の発電電力量の2割程度 $0.2 \sim 0.25$ P（10^{15}）Whを原子力に依存するとしており，これは2022年度実績 0.056 PWh の4倍である．第7次計画では，福島原発事故以来「原子力依存度を可能な限り低減する」とされてきた文言が削除され，原発回帰に舵が切られた．しかも，本誌でも繰り返し指摘されてきたように，未来の世代に「つけ」として残される，膨大な放射性廃棄物の処理は，未解決のままである[11]．

かくして，第7次エネルギー基本計画は，科学的評価に耐えられず，極めて近視眼的で，長期的展望を欠いたものであり，未来の世代にも国際社会にも，責任を果たし得ないものである．計画策定に関与した研究者の不見識も，厳しく問われる．

注および引用文献（URL 最終閲覧日：2025年3月20日）
1）世界気象機関（WMO）：Press Release（2025年1月10日）.
2）編集委員会：「差し迫る気候危機と国際社会の合意」『日本の科学者』**57**（12），04-10（2022）.
3）国連環境計画（UNEP）：Emissions Gap Report 2024（2024年10月24日）.
4）環境省：日本のNDC（国が決定する貢献）.
https://www.env.go.jp/earth/earth/ondanka/ndc.html
5）資源エネルギー庁：第7次エネルギー基本計画.
https://www.enecho.meti.go.jp/category/others/basic_plan/
6）歌川 学：「IPCC 1.5℃特別報告書と，産業革命前比気温上昇 1.5℃未満抑制のための日本のCO_2排出削減」『日本の科学者』**55**（9），28-33（2020）.
7）市村正也：「水素エネルギーと地球温暖化対策」『日本の科学者』**58**（3），38-42（2023）.
8）市村正也：「アンモニアを燃料として使う？」『日本の科学者』**57**（12），17-18（2022）.
9）長野八久：「気候政策に科学を」『日本の科学者』**57**（12），02（2022）.
10）長野八久：「人為的CO_2削減技術の欺瞞」『日本の科学者』**55**（9），47（2020）.
11）新村昌治：「責任ある最終処分の条件は原発停止とHLW「ゼロ化」への技術開発」『日本の科学者』**60**（3），131-136（2025）.

科学者つうしん

編集　組織部

関西懇2025年2月例会報告
「What is Gender ジェンダーってなんだ」

　そもそもジェンダー問題とは何か，男の意識の遅れの問題なのか．しかし，ジェンダー問題という時，女性差別の問題と性的マイノリティの問題の両方が出てくるが，どう整理すれば良いのか．さまざまな疑問への解決を求め，2025年2月9日（日）に参加者8人でオンライン懇談会を行った．

　ジェンダーとは：ジェンダーは元々言語学の世界で，例えば，月を女性名詞，太陽を男性名詞とするように，「文法上の性」を表した言葉である．自由に決めることができるものであり，1960年代以降に国際的規模で展開した第二波フェミニズムにおける性をめぐる理論化と運動の中で，女性と男性という変えようのない性（sex）ではなく，社会構造や社会関係の歴史性の変容から生み出される社会的機能が作り出す不平等な社会関係に対し，「平等」を示すために，「変えることが出来るもの」として使用されるようになった文化的・社会的に構築された性差に対する概念である．

　ジェンダーの視点は，性に関わる問題が社会的・政治的に構築され，権力関係を含んでいることを明らかにした．既存の学問や思想，人権概念なども実は男性中心主義であり，社会体制が男性中心に構築されていったことを新たに導き出した．加えて，現在では，科学の発展により，人間の性が「男と女」の二つに限定されるのではなく，色彩のグラデーションのように多様であることが判明し，「男女の平等」を重要な要素としながらも，そこにとどまることなく「あらゆる性の平等」を追求する表現（概念）となっている．

　「ジェンダー平等の実現」の登場：2015年の「戦争法（安保法制）」強行採決に反対する運動の中で，憲法の平和主義・民主主義・立憲主義の回復とともに，憲法13条の「個人の尊重」が重視されるようになる．「戦争の廃止と立憲主義の回復を求める市民連合」は，2020年9月19日に「立憲野党の政策に対する市民連合の要望書」を発表．「いのちと人間の尊厳を守る『選択肢』の提示を」のスローガンのもとに，15項目の政策要望を示した．市民運動そのものが「個人の尊重」を目指すものであり，運動に参加する個人や団体相互のリスペクトが謳われた．女性の権利の確立にあたって，憲法24条の「個人の尊厳と両性の本質的平等」の重要性が示された．社会発展の重要課題として「ジェンダー平等の実現」が位置付けられることとなった．

　ジェンダー問題の根源にある支配の構造：ジェンダー問題を女性の問題として捉えるのではなく，支配のために社会的・政治的に構築された，全ての人々に関わる問題として捉えなければならない．日本国憲法が基本的人権と個人の尊厳の尊重を定めたにも拘わらず，男は大日本帝国憲法下における「天皇と国家のために全てを捧げる」ものとしての位置付けのままに「24時間戦う企業戦士」とされ，女はそれを支え家と子供を守る「家と男の無権利な付属物」として扱う支配構造が継続されている．女を家と男の付属としてしか位置付けない性犯罪規定が，2017年の改訂まで

なんと110年も改定されずに続いていた.

現代の支配構造の特徴は、①男性労働者の企業への囲い込みと、景気の調整弁としての女性の位置付け②人件費抑制手段としての女性労働の位置付け③男性の「会社人間」化とその保証としての女性に対する家庭責任負担の強制にある.

女性だけの若年退職の強制と、それを前提とした女性の基幹職からの排除、日本特有の女性のM字型雇用形態がその結果である。1964年日経連『女子従業員管理の考え方と実際』や、1968年文部省の『家庭の設計　家庭における女性の5つの役割』に支配の本音が露骨に示されている.

ジェンダー平等社会には労働時間の短縮と自由な時間の確保が必須：男性を中心とした正規雇用に求められる長時間労働は、女性に家庭における「無償労働＝家庭におけるケア」を担わせ、そのために女性は働き方が制限され、勤労の権利や職業選択の自由、幸福追求権などの権利が保障されていない現実がある。労働時間を短縮していくことは、ジェンダー平等を実現するために必須条件になっている.

ジェンダー問題の広がりに対応した新しい概念：既存の社会構造は「女性」と「男性」という二項対立的なジェンダーの考え方で成り立っているため、性的マイノリティを周縁化し、負担を増大させている。セクシュアリティは、人間の性のあり方に関する包括的な概念であり、厳密な定義は存在していない。セクシュアリティを決めるのは、「生物学的な性（Sex）」「性自認（Gender Identity）」「性的指向（Sexual Orientation）」「性表現（Gender Expression）」の4つの要素である。異性を愛し、性的な欲求を持つ性的指向（嗜好ではない）はヘテロセクシャルと定義される。「ヘテロ」は「異なる」を意味し、ホモセクシャル（同性愛）、バイセクシャル（両性愛）、ポリセクシャル（多性愛）、オムニセクシャル（全性愛）などがある。性的指向と性自認は別物であり、性的指向によって性自認が決まったり、性自認によって性的指向が決まったりすることはない。セクシュアリティに関連する用語やその違いを探ってみると、性のあり方の多様が明らかになる。自分が知らないセクシュアリティの概念がまだまだ存在することを自覚し、自己反省的な学びの姿勢を培うことが大切である。性自認と身体的性が一致していないトランスジェンダーの人がアブノーマルとされないように、性自認と生まれ持った性別が一致している人をノーマルと表現せずシスジェンダーとする。マイノリティ・マジョリティ関係なく「すべての人がもつ属性」を表す新たな概念として、性自認と性的指向の2つを総称したSOGI（Sexual Orientation, Gender Identity）（ソジ）がある。LGBTなどの特定のセクシュアリティを名指しすることで、無意識のうちに性を「特定の少数派の人が向き合うべきもの」に還元してしまう可能性に対し、SOGIは、「皆がもつ属性」としてセクシュアリティを捉えることで「性の概念は一人ひとりが持つべきだ」という意識に変えていこうというものである。重要なのは、セクシュアリティは個人を構成する要素の一部に過ぎず、すべての人がセクシュアリティの「当事者」であり、カテゴリーではなく「個人を個人として捉えること」である。

（大阪支部ニュース600号から転載）

（山本謙治・大阪支部）

科学者つうしん

支部・分会・班活動紹介

埼玉支部新春の集い「コメを語り尽くそう」

恒例の新春の集いが2月9日（日）埼玉会館で開かれました．集いは，農業，食糧，病害虫問題に造詣の深い会員の皆さんに昨今の米パニックを機に関心の高まった「コメ問題」についてです．

「コメの歴史と科学」立石昌義氏（埼玉農民連会長）米は縄文時代の後期から作られ，庶民が米を食べられるようになったのは江戸時代末期から明治時代に入っての比較的新しい時代です．糖質7割，蛋白質1割，ミネラルやビタミンも含み栄養バランスの優れた食物です．米は日本人の主食ですが，外国には主食という言葉はありません[※]．

「令和の米騒動について考える」柳重雄氏（埼玉食健連会長・弁護士）昨年の米不足の原因は，米の需給・価格を全て市場原理に委ね，生産者・消費者を保護しない農政を半世紀にわたって続けてきた自民党政府の農業政策・食糧政策による人為的なものです．38%まで低下した食料自給率・

農業の危機を招いた原因は「農産物の輸入自由化政策」「新自由主義的農業政策」にあります．令和の米騒動を契機に日本農業の見直しが必要です．

「温暖化と病害虫」江村薫氏（元埼玉県農林技術総合研究センター）2024年は記録的な猛暑で稲の生育への影響に加えて，稲の害虫イネカメムシが大発生したことが12月埼玉県議会でも取り上げられました．2023年には10a当たり米バケツ1杯という大被害が発生しました．本種のイネへの飛来は出穂4～5日後の乳熟期から認められるので，適期防除が大切です．

3人の方々の多方面からの話題提供をうけて，参加者から様々な意見や質問が途切れることなく出され，報告の内容を深めることができました．参加は3人の非会員の方々を含め11人でした．

（丹生淳郷・埼玉支部事務局長）

[※]：編集作業のなかで，関係者から指摘を受けました．英語にstaple，韓国語に주식（チュシク）があります．

九条の会・津との共催で行われた気候危機問題講演会のご報告

3月8日，津市で「『新しい視点』で考える気候危機問題～『基本のキ』から見えてきた世界観」と題する市民講演会が行われた．講師は三重支部代表幹事の高山進氏．72人の参加がありアンケート等でおおむね好評をいただいた．

冒頭で国連気候条約制度とIPCCの信頼性の理由を述べ，2年連続世界の平均気温が最高値を記録したこと，1.5度目標が目標年（2030年）を6年も早く到達したことを述べた．

本題に入り大きく分けて2つの筋道を置いた．一つは地球の自然と人間のそもそもの関係性を深く理解し，それに立脚した打開の筋道を考えること．もう一つは，国連の2つの枠組み条約の制度・政策や気候危機打開の社会的な筋道の基本を正しく理解することである．

前者に関して，まず植物の知性，生き物同士の

協力や共進化，脳を介さない内臓の調整機能といった自然の不思議さに触れた．次いで1970年代に「ガイア仮説」を提唱したジェームズ・ラブロックを取り上げ，従来神秘主義との批判が強かったが，今見直しが必要であることを述べた．彼は「地球と生物達の連携関係」（これをガイアと呼んだ）によって，生き物が棲みやすい恒常性を長期にわたり自ら形成してきたことに注目し，まるで生命体のようだ，と考えた．また彼が2019年に百歳で出版した『ノヴァセン』ではユニークな気候危機打開論が書かれており，それも紹介した．

今大事なことは，人間は自然が持つ「けた外れにすごい」力を心底認め，謙虚に向き合う姿勢であり，そのポイントは自然が地域にもたらしている恵みを最大限に生かせるような地域の基礎単位づくりを重視した社会づくりにある．それを提唱しているいくつかの議論を紹介した．

（高山　進）

編集後記

本号特集「原発のない社会づくりのための検証と展望」には，健康―気候―原子力の新規制基準―汚染水実態―的確な計画制度の提案―対話など，当該問題の基本と現局面を的確に理解して打開策を見出すための一連の手がかりが示された．

一方，2025年2月18日，東京電力福島原発の過酷事故から14年を前に，日本政府はこれまでの「原子力依存度を可能な限り低減する」方針を撤回し，"原発回帰"を鮮明にし，反対方向に公然と進む第7次エネルギー基本計画を閣議決定した．加えて同日，日本政府は同基本計画を根拠に，温室効果ガスの新たな削減目標，NDC（nationally determined contribution）を国連気候変動枠組条約事務局へ提出した．日本政府はこれを「世界全体での1.5℃目標と整合的で，2050年ネット・ゼロの実現に向けた野心的目標」だとする．

だが，本号の特集論文群や「ひろば」等を通じて抉り出されてくるのは，日本政府の基本計画や削減計画の科学的根拠の薄弱性であり，"タラレバ"諸技術への過度な期待に基づく仮構性である．実に危うく頼りない姿と筆者からは見える．

対する本号の特集では，福島原発事故後の実態と問題状況を直視し，本来あるべき対策を提示する．まず事故後の人々の健康被害や人権状況を科学的に正確に把握し（山田），人類が直面する最大問題，気候変動ティッピング・ポイント危機を解明する（河野）．その上で，日本の新原子力規制基準をIAEA基準「深層防護戦略の全5層」に照らして検討し，第4層不十分，第5層審査除外と，世界標準知見から学ばず，恣意的に選択する危険を論じる（岡本）．さらに福島第一原発の汚染水海洋放出問題を2024年末までの最新データで検討し，東電を含めて汚染水発生容認の中，汚染水発生量を抜本的に削減する地下水対策が本筋と提言する（柴崎）．

本特集ではさらに展望を拓くための有力な切り口が提供された．原発事故で奪われた自然共生居住権の回復を図る土地利用計画制度の提案である（糸長）．当該問題の科学的諸知見にしっかり立脚した上で市民の生活と暮らしを取り戻す道筋が明示される意義は大きい．それは，本誌が「市民と科学者を結ぶ」縁（よすが）となっていく道筋にも少なくない示唆を与える．（佐藤 了）

次号予告

特 集

中国地方の鉄路と地域公共交通のこれから

ローカル線再生とJR体制
――JR・国の責任と自治体の役割
··桜井　徹

中国地方の鉄路の歴史
··小西伸彦

新見市における芸備線の存在と役割
··根石憲司

芸備線の現状と存続のための方策
··風呂本武典

職場からローカル線「効率化」施策を質す
··佐々木隆一

本誌掲載論文・記事についての感想・コメント，期待する企画などを「読者の声」jjscomment@jsa.gr.jp 宛にお寄せください．「読者の声」は『日本科学者会議』ホームページ
https://jsa.gr.jp/04pub/index.html#nihonnokagakusya に掲載されています．

『日本の科学者』Vol.60　No.6通巻689号　6月号（2025年6月1日発行）
定価：800円（税込）　年間：9,600円（税込）　送料：月額100円

第60期『日本の科学者』編集委員
小野川文子（北海道教育大，特別支援教育），◎羽部朝男（北海道，宇宙物理），比屋根哲（岩手，森林計画学・環境教育論），佐藤 了（秋田，農業経済・農業経営），三宅良美（秋田，社会言語学・言語人類学），粟生田忠雄（新潟大，農業農村工学・土壌物理学），青木武生（群馬，解剖生理学・放射線生物学），◯乾 康代（東京，住居計画学・都市計画学），真嶋麻子（日本大，国際関係論），◯後藤仁敏（神奈川，古生物学・歯学・解剖学），市村正也（名古屋工業大，電子工学），武藤清吾（岐阜，文学），鈴木恒雄（石川，素粒子物理学），瓜生淑子（京都，発達心理学），◯近藤真理子（太成学院大，教育学），西田喜一（京都，教育学・教育行政学），北泊謙太郎（大阪大，歴史学），横地夏海（大阪，人文地理学），唐澤克ем（淑徳大，地域経済論・中小企業論），◯鄭 幸子（ちょんへんじゃ，岡山大，文化人類学・フェミニストエスニックスタディーズ），◯川岡 勉（愛媛，歴史学），金谷義弘（宮崎，理論経済学），大倉信彦（沖縄，解剖学），客員編集委員：山本富士夫（福井支部，流体力学），英文目次校正：衣川清子（東京，アメリカ文学），編集実務：上野全保（東京，森林水文学）
（ ）内は支部／所属，専門，◎は委員長，◯は副委員長

【編集・発行】日本科学者会議
日本学術会議協力学術研究団体登録番号1684
〒113-0023　東京都文京区向丘1-1-17 タカサキヤビル5階
電話：03-5615-9032　FAX：03-5844-6513
ホームページ：http://www.jsa.gr.jp/
Eメール：mail@jsa.gr.jp

【発売】株式会社メトロポリタンプレス
〒174-0042　東京都板橋区東坂下2-4-15 TKビル1F
電話：03-5918-8461　FAX：03-5918-8463
ホームページ：https://www.metpress.co.jp/
Eメール：sales@metpress.co.jp

メトロポリタンプレスの本

座右の銘 道をひらく先人の知恵
新装増補版

「座右の銘」研究会 編
- A5判並製 648頁
- 1980円（税込）　● ISBN978-4-909908-63-6

累計13万部のロングセラーの新装増補版。古今東西の先人・賢者1000余人が、今を生きる私たちに遺した2500を超える箴言・叡智を集めた生き方のエンサイクロペディア。
生活・仕事・教育に活用できる人生訓・処世訓で構成されている。また、祝辞やスピーチ、訓話や挨拶、文章などに引用したいとき、質も分量も利用に十分にこたえてくれる内容です。
読者の要望が多かった人名索引を加え、検索の便も格段にアップ。年来の読者の要望に応えた。

名言集 人生を豊かにする
新装版

「座右の銘」研究会 編
- A5判並製 372頁
- 1320円（税込）　● ISBN978-4-909908-81-0

先人・賢者が残した1300の人生を豊かにする言葉に加え、ニーチェ、ゲーテ、本田宗一郎、太宰治ら、500名の人物紹介も収録。さらに、坂本龍馬、西郷隆盛、勝海舟、高杉晋作、土方歳三ら、幕末維新の激動の時代に生きた人々30名の言葉や、その人物像も掲げた。小社刊行の『座右の銘〈新装増補版〉』と合わせれば、3800もの名言・座右の銘を集成した一大名言辞典となります。累計13万部のロングセラー『座右の銘』（里文出版初刊、メトロポリタンプレス再刊）の姉妹編で引き合いも多く、入学、進学、卒業のプレゼントにも最適です。

TEL: 03-5918-8461/FAX: 03-5918-8463
〒174-0042 東京都板橋区東坂下2-4-15 TKビル1F
sales@metpress.co.jp　URL https://www.metpress.co.jp

JOURNAL OF JAPANESE SCIENTISTS

2025 Vol.60 — 6 June

SPECIAL FEATURE:
Verification and Outlook for Creating a Nuclear-Free Society

Verification and Outlook for Creating a Nuclear-Free Society

- 02 Introduction .... YAMAMOTO Fujio
- 03 Glossary .... YAMAMOTO Fujio
- 04 The Danger of Nuclear Power Plants Originates from the Radiation Exposure: Truth of Health Hazards Caused by Fukushima Nuclear Power Plant Accident .... YAMADA Kosaku
- 10 Global Warming Exceeding Climate Tipping Points Calls for National-Level Measures for Natural Energy and Energy Conservation .... KONO Hitoshi
- 18 Do Nuclear Power Plants Become Safe under the New Nuclear Regulation?: Formalization of Defense-in-Depth Strategy .... OKAMOTO Ryoji
- 25 Contaminated Water Issue and Actual Situation of Ocean Release at Fukushima Daiichi Nuclear Power Plant: Based on the Amount Released until the End of 2024 .... SHIBASAKI Naoaki
- 31 Decommission of Nuclear Power Plant is Appropriate or not ?: Discussion with High School Students .... YAMAMOTO Fujio

PAPER
- 35 Learning from the Balance between Electricity Supply and Demand in the Regions of Nuclear-Power-Plants Restart: Effects of the Restart of the Tomari Nuclear Power Plant on the Promotion of Power Generation by Natural Energy in Hokkaido .... YAMAGATA Sadamu

ESSAY
- 42 Cooperative Housing TUNANE: 25 Years of Community and Its Future .... SETO Hiroshi

PAPER
- 44 The Problem of Reconstruction Work under Continuing Radioactive Contamination and the Establishment of an Appropriate Planning System: The Actual State of Contamination in Iitate Village and Land Use Regulations .... ITONAGA Koji

LETTERS
- 51 The Global 1.5℃ Goal and the 7th Strategic Energy Plan .... the editorial committee

INFORMATION
- 53 Activities of the Japan Scientists' Association .... *Edited by* the office

ISBN978-4-911209-
C0336 ¥7

Edited and Published by
the Japan Scientists' Association (JSA)
Takasakiya Bldg., 5F, 1-1-17, Mukogaoka, Bunkyo-ku, Tokyo, 113-0023 Japan
Tel：+81-3-5615-9032　Fax：+81-3-5844-6513
URL：https://www.jsa.gr.jp/
Distributed by Metropolitan Press Publishing Co.
2-4-15 Higashisakashita, Itabashi-ku, Tokyo, 174-0042 Japan

定価：800 円 (本体 727 円+税 10%)

メトロポリタンプレス